行列のできる人気女性FPが教える

お金を貯める守る増やす超正解30

年間1万世帯の家計相談を担当する
「家計の総合相談センター」代表取締役
井澤江美

東洋経済新報社

はじめに

私たちが安心して豊かな暮らしを送っていくためには、何が大切でしょうか？

そう、**お金**です。

私はファイナンシャルプランナー（ＦＰ）として、講演活動や相談業務をお引き受けしています。同時に、ＦＰ、社会保険労務士、税理士など、お金の専門家で構成する「家計の総合相談センター」代表として、東京、横浜、名古屋、大阪、神戸、福岡を拠点に、毎年1万世帯に家計相談サービスを提供してきました。

本書には人生に欠かせない総合的マネープランの大切なエッセンスを盛り込んでいます。

弊社のミッションは、**「For Your Happy Life」**。

あなたにとって幸せな人生とは、どんなものでしょうか？

もちろん、幸せのカタチや内容は人それぞれです。

やりがいのある仕事をすることで大きな充足感を得る人もいれば、世界各国や日本全国を旅することで大きな満足感を得る人もいます。ただ、仕事に打ち込んだり旅行を楽しんだりするにも、**心身の健康とお金の管理ができていること**が大前提です。

しかし、**同じような条件であっても、お金の苦労ばかりしている人もいれば、お金に翻弄されずに暮らしていける人もいます。**

「お金の苦労はしたくない」とだれもが思っているはずなのに、その管理について無頓着なばかりに、する必要のない苦労を抱え込む人が驚くほど多いのです。

お金で泣く人、笑う人のちがいは、**「お金をコントロールする術」を知っているかどうか**にあります。それは、専門家にしかわからないようなテクニックではありません。

身のまわりの税金や社会保障制度を知っておくこと
経済や金融の基本的な仕組みを学ぶこと
環境の変化に応じてマネープランを立てていくこと

これらが、「お金をコントロールする術」です。

知っているか、知らないかで大きな差がつくのです。

たとえば、「投資が怖い」という人もいます。

毎月3万円を30年間銀行預金に積み立てていけば、元金は1080万円です。いまは超低金利ですから、利息もスズメの涙でしょう。

では、毎月3万円を、本書で紹介するような方法で、世界中の代表的な企業をセットした商品に投資をしていったら……。**バブル崩壊後、リーマンショックを経験しながらも、30年間で3000万円以上を築くことができる**のです。実際に、弊社のお客様の中にも、3000万円以上貯まったという人が続出しています。

もちろん、**毎日100円、月3000円程度ではじめる**こともできます。

NISAや確定拠出年金といった制度を使えば、もっと有利に、効率よくお金を増やすことができます。

本書は、いま必要なお金にまつわる基本的な知識をまとめたものです。**「貯蓄」「保険」「年金」「住宅」「相続」「税金」**の分野について、大切なエッセンスを盛り込んでいます。

「将来の年金が不安だ」「最近NISAという言葉をよく聞くけど、自分にも関係があるものなんだろうか」「金融商品や保険商品が多すぎて選べない」……。

こういったお金に関する疑問や、漠然とした不安を抱いている人はたくさんいます。本書を読めば、こういった疑問や不安も、きっと解消できるはずです。

無理のない、現実的なライフプランの構築は、だれにでも可能です。

ひとりでも多くの人が本書でそのコツをつかみ、お金の不安のない、豊かな人生を送っていけるよう、心から願っています。

家計の総合相談センター　ファイナンシャルプランナー　井澤江美

イントロダクション（クイズ）

日々、セミナーやお金の相談をしていて感じるのが、多くの人が「お金について誤解している」ということです。さて、みなさんにいくつかクイズを出します。ぜひこれらのクイズに答えてから、本書を読み進めてください（答えは258ページにあります）。

QUIZ 1

2018年末の日本人の個人の金融資産は、バブル期の1989年にくらべて増えているでしょうか？　それとも減っているでしょうか？

□増えている　□減っている

QUIZ 2

左ページのグラフは、ある金融商品を購入した場合の価格推移を表したものです。どの商品も100円から購入できますが、どんな名前の商品でしょうか？

①（　　　）②（　　　）③（　　　）

④（　　　）⑤（　　　）

元手100万円がいくらになったのか（1969年〜2018年）

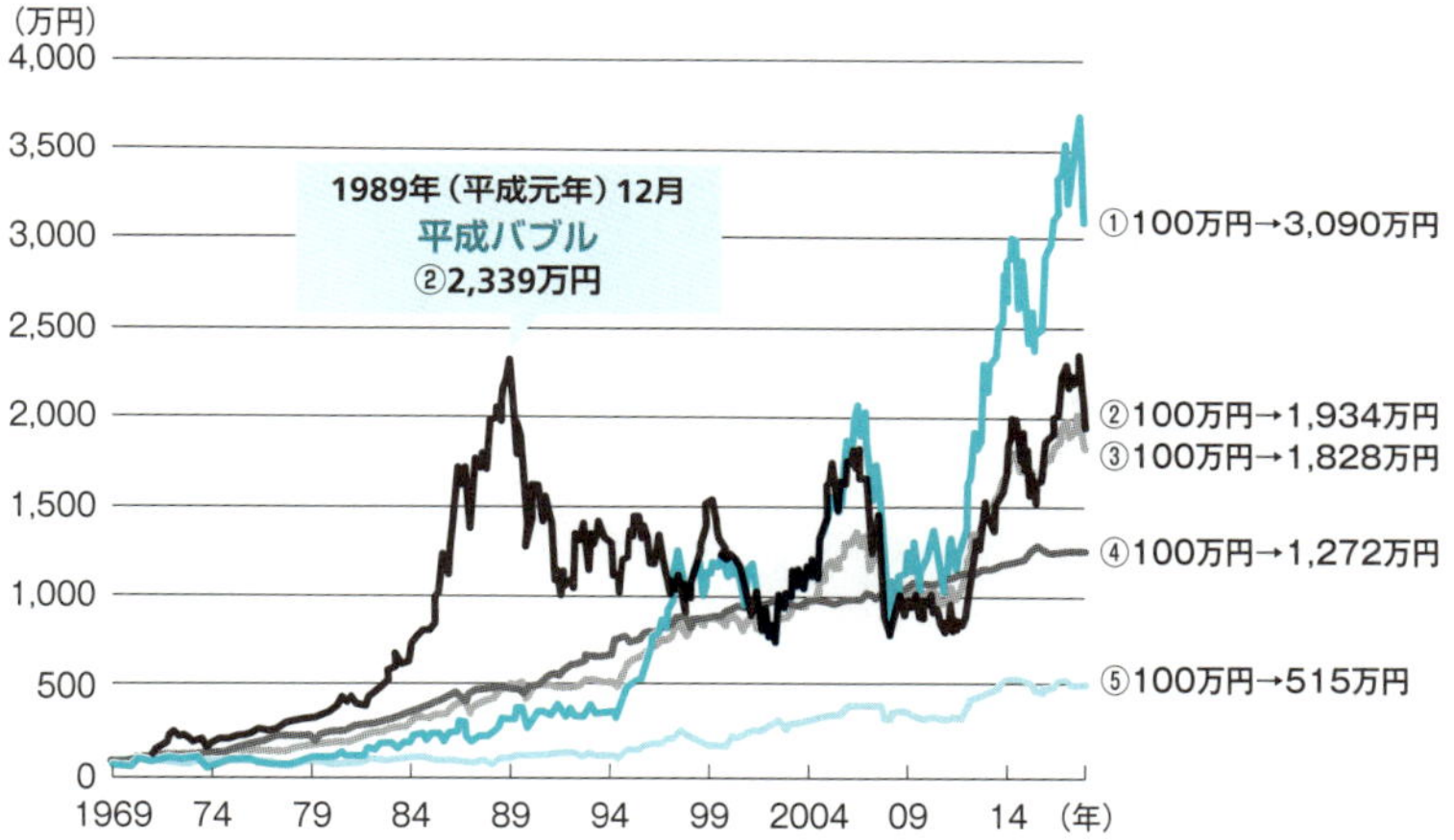

月1万円を積み立てた場合（1988年〜2018年）

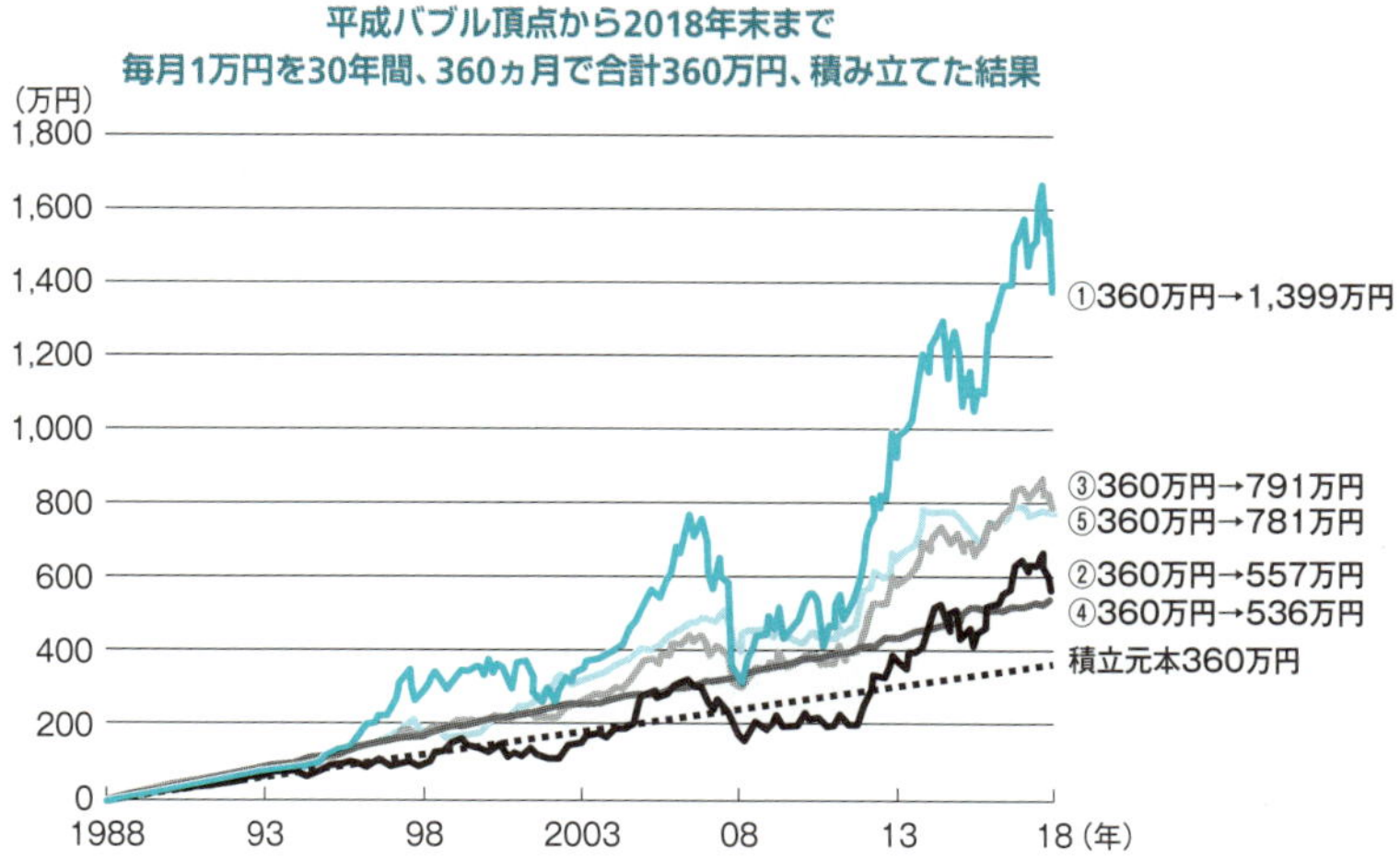

平成バブル頂点から2018年末まで
毎月1万円を30年間、360ヵ月で合計360万円、積み立てた結果

QUIZ 3

次のキャラクターに関係する、政府のお金についての制度はなんでしょうか?

①

②

③

①（　　　）

②（　　　）

③（　　　）

QUIZ 4

左ページのグラフは、私たちの暮らしに関わる「重要なもの」の毎年の利回りと運用実績です。重要なものとはなんでしょうか?

（　　　）

○○の運用利回り

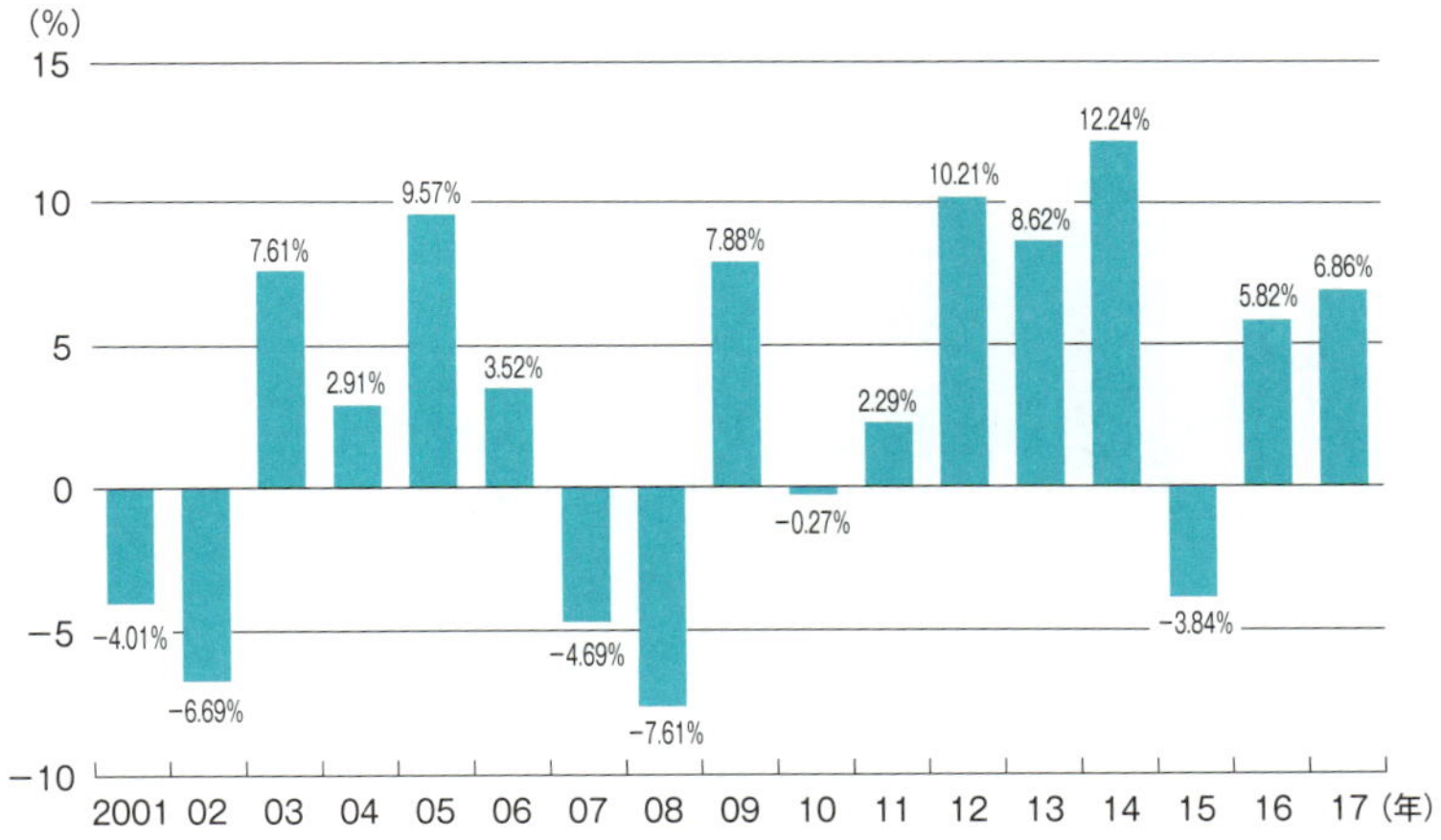

○○の運用資産額の推移

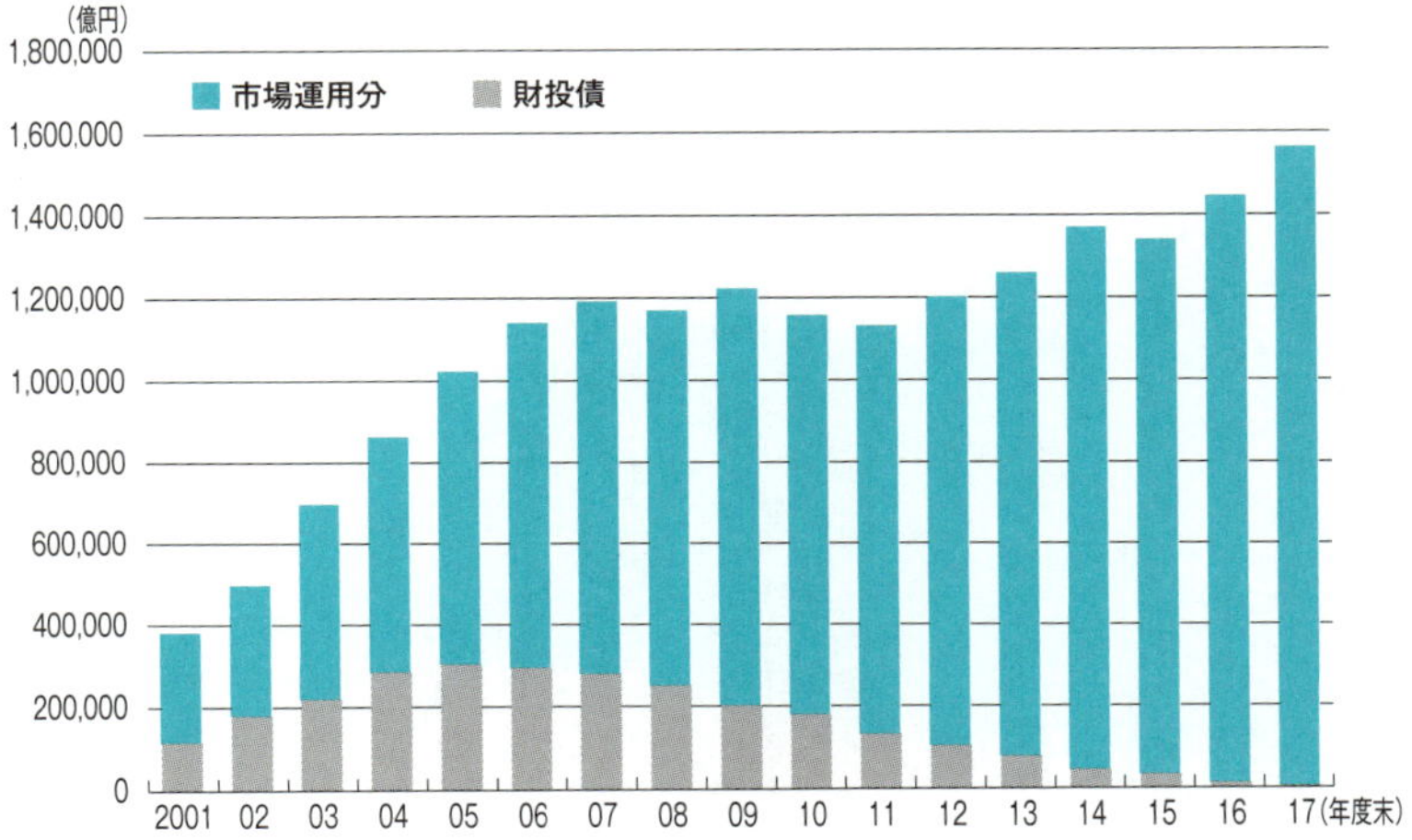

目次

目次

第3章……「いちばんかしこい金融商品」完全&徹底ガイド

第1章

「不安ゼロ＋強い家計」をつくる 超基本の基本

【お金を貯める編】

「なりゆきまかせ」じゃ貯まらない！

日本人が持つ金融資産はいくら？「失われた20年」にも、国民はしっかりお金を貯めていた！

日本人は、貯蓄好きの国民として有名です。

それでは、私たちはいったいどのくらいの金融資産を持っているのでしょうか？

日本銀行によれば、**家計の金融資産の合計は、なんと1859兆円！**（2018年9月末時点）。0歳の赤ちゃんまで含めた全人口で割ってみると、**国民1人当たり1470万円**に上ります。

1989年、日経平均は3万8957円の史上最高値をつけました。以降、日本ではバブル崩壊や銀行破たん、リーマンショックなどの大きな金融危機が相次ぎ、**「失われた20年」**と呼ばれました。

しかしその一方で、私たち国民は賢く、しっかりと貯蓄残高を増やしてきたというわけです。

1989年、まさにバブルの絶頂期に、私は新卒で社会人デビューをしました。以来ファイナンシャルプランナーとして、これまで30年間仕事をしています。

これまで相談やセミナーをとおして、多くのお客様と触れ合ってきましたが、ほとんど

ミニポイント❶

日本人ほど貯蓄好きの国民はいない なんと1人当たり1,470万円！

の人がしっかりと貯蓄をしていることに、いつも感心してきました。

［図表1◆1］を見てください。

バブル期（1991年3月）に約1000兆円だった金融資産が、27年後の2018年9月末にはおよそ1・8倍の1859兆円となっていることがわかります。

失われた20年の間に、国民がコツコツ真面目に働き、しっかりお金を貯めてきた経過がわかります。

［図表1◆1］家計の金融資産の推移

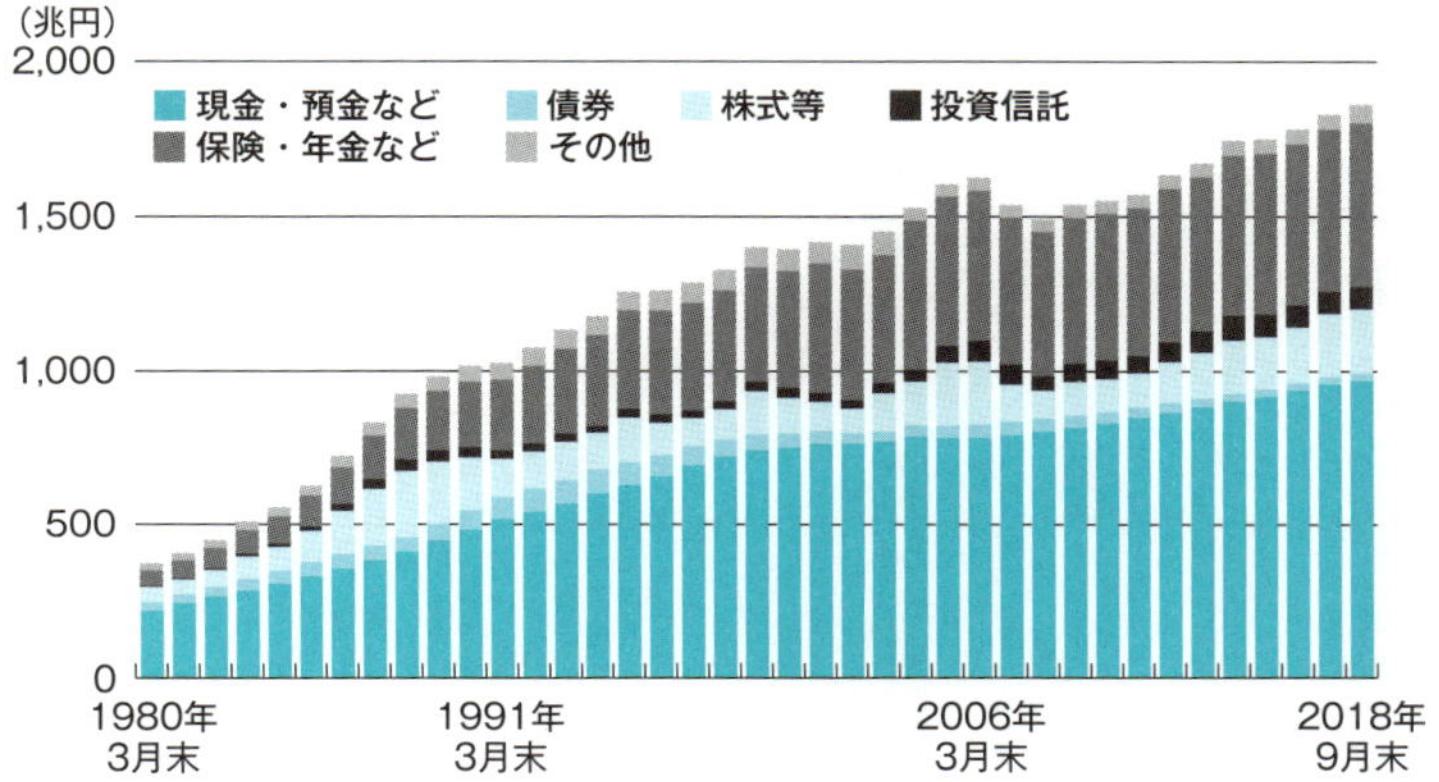

（出所）日本銀行調査統計局「資金循環統計」より

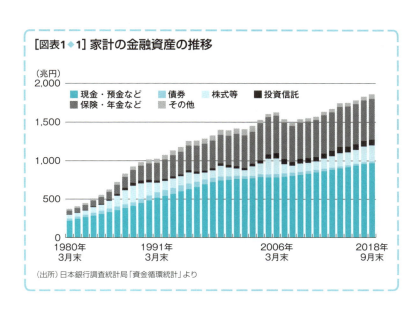

日本の個人金融資産は世界ナンバー2 その中身はほかの国とどうちがう？

2010年、GDPランキングで日本は長らく保ってきた2位の座を中国に明け渡し、3位に後退してしまいました。しかし、国民が保有する個人金融資産の額では、いまも世界ナンバー2につけています。

個人金融資産のナンバー1はどこの国かといえば、やはりアメリカです。もちろんGDPも世界一。政治力、軍事力、そして経済力と三拍子そろった超大国ですが、ここで注目したいのは個人金融資産の額です。

前項で、日本の個人金融資産は1859兆円といいましたが、**アメリカのそれは実に8987兆円（1ドル110円で計算）！**日本の約5倍です。しかも全人口で割った1人当たりの金融資産でも2741万円と、これまた世界第1位なのです［図表1◆2］。

さらに興味深いのは、その中身です［図表1◆3］。

日本は、個人金融資産の81%が現預金と保険・年金で占められている一方、株式、債券、投資信託は16%にすぎません。対してアメリカでは、**現預金、保険・年金は43%で、株式、債券、投資信託は54%**になっています。

ミニポイント❷

アメリカ人は金融資産の半分以上を運用しています

[図表1◆2] 金融資産の国際比較

	金融資産	円ベース	人口	1人当たりの個人金融資産
日本	1,829兆円	1,859兆円	1億2,642万人	1,470万円
アメリカ	81.7兆ドル	8,987兆円	3億2,775万人	2,741万円
ユーロエリア	24.0兆ユーロ	3,120兆円	3億8,470万人	811万円

※1$110円、1€130円。
(出所) アメリカ、ユーロエリアの金融資産は日本銀行調査統計局「資金循環の日米欧比較」(2018年3月末) より

[図表1◆3] 家計の金融資産構成

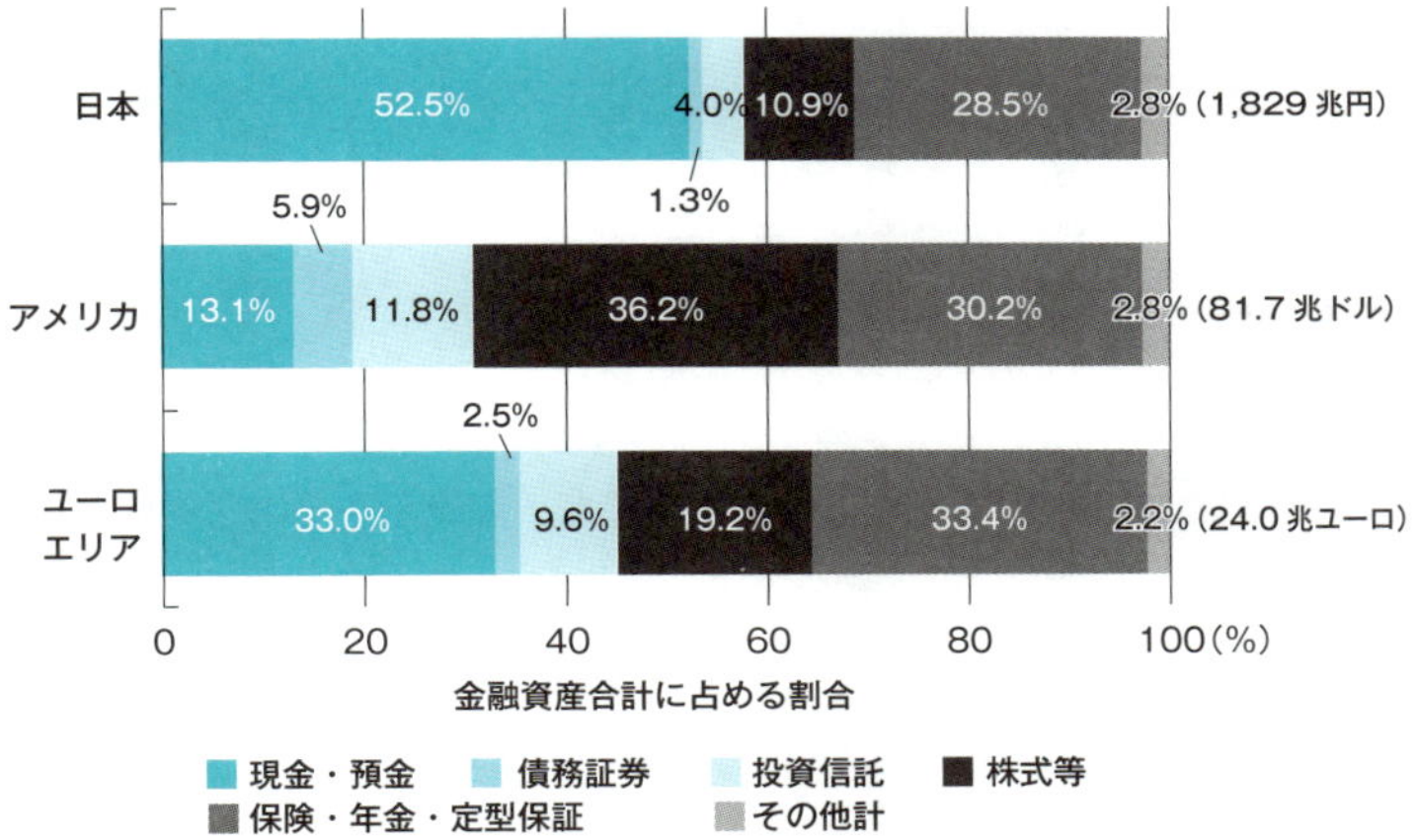

※「その他計」は、金融資産合計から、「現金・預金」「債務証券」「投資信託」「株式等」「保険・年金・定型保証」を控除した残差。
(出所) 日本銀行調査統計局「資金循環の日米欧比較」(2018年3月末) より

参考までに、ユーロエリアは、現預金、年金・保険が66％、株式、債券、投資信託が合わせて31％ほどになります。

個人金融資産の内訳にも、それぞれの国民性が反映されているのです。

どうやら**日本人は、欧米の人たちにくらべて、貯蓄好き、保険・年金好き**といえそうです。

たしかに、私がファイナンシャルプランナーとして出会ってきた人たちも、預金、保険、年金を中心に「貯める」と「守る」に重点を置いたプランを組みたがる人が大半です。日本人の堅実な国民性がよく表れています。

20年ほど前から、日本にも金融自由化の波が押し寄せ、「貯蓄から投資へ」「貯蓄から資産形成へ」とのスローガンが強く叫ばれるようになっています。それでも、株式や投資信託の割合が急激に増えるような事態にはなりませんでした。

ただし、国民から預金や保険・年金という形でお金を預かっている銀行や保険会社などは、国債を中心に、株式や投信（投資信託）でも運用を行っています。

言ってみれば、**日本人は金融機関を通じて、間接的に株式や債券を購入している**というわけです。

そうした構造になっていることもあり、金融に関する知識や、投資を行う時間がかぎられている人から相談を受けたときには、私は無理に「株式投資をしなさい」「外貨投資をしなさい」というアドバイスをしないように心がけています。

ミニポイント❸

投資と投機はまったくの別モノ！ちがいをしっかり意識しましょう

「本業であるお仕事にパワーを注いでしっかり稼ぎ、金融資産は貯金や保険・年金を中心に据えて、未来の自分のために確実に資金を残していきましょう」という助言のほうが、日本人にはしっくりくるのではないか、と考えているからです。

「貯蓄から投資へ」というスローガンには大いに共感しますが、金融リテラシーがない人にそのことを強調してしまうと、どうしても「貯蓄から投機へ」となってしまいがちなのです［**図表1◆4**］。

本来、**「投資」とは、有望と思える投資先に、ある程度長期的に資金を投じていくこと**です。対して**「投機」というのは、大きな利益を得るために、リスクの高いいちかばちかのような取引をすること**です。

セミナーや個別相談をしていると、「どの株が儲かるのでしょうか」「どのタイミングで株を売ればいいでしょうか」といった相談を受けることもあるのですが、こういう人たちは、投機に熱を上げているのです。

［図表1◆4］投資のつもりが投機になっていませんか？

以前、こんな女性に出会いました。

彼女はアパレルの会社で洋服のデザイナーとして活躍している、とても素敵な女性です。私のセミナーに参加してくださったことで知り合いになりました。

しかしその後、他社が主催するＦＸ（外国為替証拠金取引）セミナーに参加したのをきっかけに、彼女は外貨投資にのめり込むようになってしまったのです。

数ヵ月後にお会いしたときには、四六時中、外為市場の動向やチャートの動きが気になってしかたがない様子でした。

とても仕事どころではなくなり、会社を辞めて1日中、売買を繰り返すという生活を送っていたのです。

温和でチャーミングだった彼女が、たった数ヵ月で獣のような顔つきになり、常にイライラしている……。その変貌に衝撃を受けました。

彼女自身もそんな自分の変容を、心の中で後悔しているようでした。

その後、再度私のセミナーに顔を出してくださったとき、彼女は私にこう尋ねました。

「もともとは、しっかり資産を形成しようと思ってマネーセミナーに参加しただけなのに……。ファイナンシャルプランナーをしている井澤さんは、どうやってお金とつき合っているの？」

ミニポイント❹

目指すべきは「コツコツ・しなやか・分散投資」！

私は、**これから本書で紹介するシンプルな貯蓄術**を彼女にレクチャーしました。説明していくうちに、彼女の表情が見る見るうちに変わっていくのがわかりました。

彼女は現在、手先の器用さを活かしてネイルサロンを経営しています。**資産運用に割くエネルギーは最低限に抑え、仕事に全力投球できる生活スタイルを取り戻し、充実した人生を送っています**。

金融のプロならいざ知らず、普通に生活している私たちにとって「ガツガツ・イライラ・集中投機」は、決してよい結果を生みません。

「コツコツ・しなやか・分散投資」こそが、目指すべきコンセプトなのです。

彼女の事例は、まさにその証明といえるでしょう。

貯蓄の目的を見てみれば日本人の預金好き、保険好きの理由がわかる

あなたの**「貯蓄の目的」**はなんでしょうか?

前項で紹介した女性は、お金を増やすことにシャカリキになりすぎて、そもそもの目的を見失ってしまいました。

貯蓄をするときには、**目的を持つこと**が大切です。

お金を貯めること自体が目的になってしまうと、本来のお金の価値を見失って、お金の有効な使い方がわからなくなってしまうものです。みなさんもここで、改めて自分の目的を思い出してみてください。

金融に関する広報活動を行っている公的団体「金融広報中央委員会」は、毎年、貯蓄に関するアンケート調査(「家計の金融行動に関する世論調査」)を実施しています。

アンケート結果を見ると、**「金融資産保有の目的」**としてもっとも多い回答は、**「老後の生活資金」**のためで65・6%、第2位は**「病気や不時の災害への備え」**で61・1%です。続いて**「こどもの教育資金」**(30・1%)、**「とくに目的はないが、金融資産を保有していれば安心」**(20・7%)という回答が上位にきています[図表1◆5]。

ミニポイント5

多くの人は老後や病気・災害などの備えとして貯蓄をしています

回答割合に注目すると、上位2つの**「老後の生活資金」「病気や不時の災害への備え」**が群を抜いているのがわかります。

ここから、なぜ日本人が預金や保険・年金にこだわるのか、その理由をうかがい知ることができます。

「老後の生活資金」は、預金で準備しておくことも必要ですが、**保険・年金商品・運用商品で備えていく**のが基本です。

また、**「病気や不時の災害への備え」**を株式や投資信託などの運用で行うのは

[図表1◆5] なんのために貯蓄をしているの?(金融資産保有の目的)

(単位:%)

		病気や不時の災害への備え	こどもの教育資金	こどもの結婚資金	住宅の取得または増改築などの資金	老後の生活資金	耐久消費財の購入資金	旅行、レジャーの資金	納税資金	遺産として子孫に残す	とくに目的はないが、金融資産を保有していれば安心
全国		61.1	30.1	5.6	11.7	65.6	15.4	13.7	6.0	7.0	20.7
世帯主の年齢別	20歳代	35.0	57.5	5.0	30.0	22.5	25.0	40.0	2.5	0.0	22.5
	30歳代	51.8	69.5	4.8	18.3	42.8	17.4	21.3	3.6	1.5	18.9
	40歳代	51.3	69.8	6.0	12.1	49.1	19.9	12.9	3.3	1.9	17.0
	50歳代	56.3	32.3	9.3	13.5	66.4	17.0	12.3	8.0	3.7	17.9
	60歳代	67.5	3.5	6.3	10.4	80.8	14.7	12.3	6.3	10.4	23.5
	70歳以上	72.7	2.4	1.7	6.7	77.1	9.9	11.5	7.3	13.4	23.2

※3項目までの複数回答。
(出所)金融広報中央委員会「家計の金融行動に関する世論調査」(二人以上世帯調査)(2018/平成30年)より

ミスマッチです。いつ起こるかわからない大規模震災などのリスクを考えると、**万が一のときに生活が守られる「保険」や、必要なときにすぐに引き出せる「預金」で備えておく**のが最適です。

ちなみに、貯金や保険は、「確定拠出年金」「NISA」「保険料控除」などの制度を使うことによって、さまざまな税制優遇を利用することができます。

第2章では、この税制優遇を活用した、資産づくりについて詳しく取り上げていますので、ぜひ参考にしてください。

老後の生活に不安を感じているのは高齢者よりも若者だった！

貯蓄の目的で、どの世代にも多いのが**「老後の不安」**です。

金融広報中央委員会のアンケートでは、その点をさらに掘り下げた集計結果があります【図表1◆6】。

老後の生活について「心配である」と答えた人は、年金受給時期になっている70歳以上

[図表1◆6] 若い世代に老後を心配する人が多い

老後の生活についての考え方

（単位：%）

		それほど心配していない	心配である	多少心配である	非常に心配である
全国		19.8	79.2	43.0	36.2
（実数）		(710)	(2,836)	(1,539)	(1,297)
世帯主の年齢別	20歳代	11.9	88.1	44.1	44.1
	30歳代	13.1	85.7	45.7	40.0
	40歳代	11.5	87.3	43.6	43.7
	50歳代	14.8	84.1	42.4	41.7
	60歳代	22.0	77.6	43.6	34.0
	70歳以上	31.0	67.9	40.9	27.0

（出所）金融広報中央委員会「家計の金融行動に関する世論調査」（二人以上世帯調査）（2018年）より

老後の生活を心配する理由

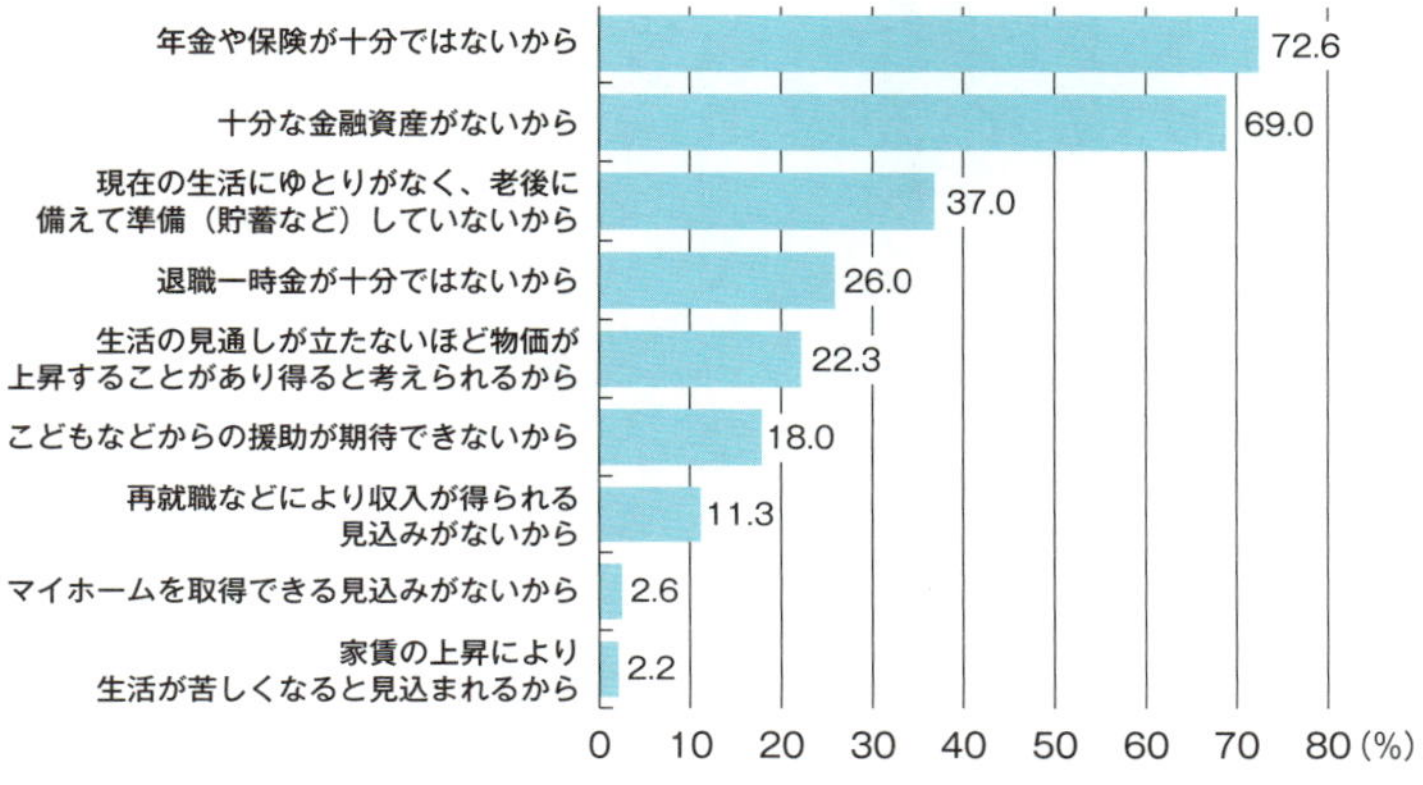

（出所）金融広報中央委員会「家計の金融行動に関する世論調査」（二人以上世帯調査）（2018年）より

ミニポイント6

多くの若者が将来のお金の不安を感じています

の人でも約7割もいます。しかし、もっと驚くべきは、**20～40歳代では9割近くもの人が「心配である」と答えている**ことです。

私たち日本人は、老いも若きも、老後に不安を抱えているということです。

心配する理由としては、**「年金や保険が十分ではないから」**（72・6％）、**「十分な金融資産がないから」**（69・0％）を挙げる人が多く見られます。

日本の公的年金や健康保険、介護保険などの社会保障は、世界的に見て相当高いレベルにあります。

そのため、現在のリタイア世代は、比較的余裕のある生活を送っている人が多いのですが、急テンポで進む少子高齢化によって、いずれこの社会保障レベルを維持することは困難になるでしょう。

そのことを察知している若い世代に「将来の社会保障制度改正が不安だ」「日本の財政が破たんしないか心配だ」といった疑心暗鬼が広がっているのです。

実際、私のもとに相談にきてくださる若いお客様の多くは、**「親世代とはちがうマネープランを立てておかなければならない」**と感じているようです。若い人ほど老後の生活に不安を感じているのが、はっきりとわかるのです。

老後の不安を解消するためにもらえるお金を「見える化」しよう

前項で紹介したように、多くの人が老後の生活を心配しています。

とはいえ、政府も「１００年安心の年金財政」を目指して消費税を引き上げるなど、財源確保の手段を尽くしています。

「将来は年金が全然もらえないかもしれない」と考える人がいるかもしれませんが、**「公的年金がゼロ」という事態に陥ることはまずありえない**でしょう。

また、雑誌などの記事を少々大げさに受け止めて、「老後に必要な資金は1億円らしい。自力で貯めなければ！」と勘ちがいしている人もいるようです。「老後は1億円必要」といった話は、年金収入が計算に入っていません。

国民年金や厚生年金などの公的年金は、受給者が生きているかぎり支給されます。企業年金がある会社に勤めているならば、さらに年金受給額は増えます。

ですから、老後の生活設計を考えるときは、まず**自分の年金受給額を確認すること**が必要です。いわば**年金の「見える化」**です。

年金の「見える化」とは、次のようなことです。

ミニポイント 7

国民年金、厚生年金、企業年金のちがいを理解しておきましょう

・**公的年金**……国民年金や厚生年金などの公的年金については、次項で詳しく紹介する「ねんきん定期便」や「ねんきんネット」を使って、支給額の目安を把握する

・**企業年金**……勤務先の制度を退職金とともに調べて、どの程度の支給額になるのか、おおよその見当をつける

国民年金に40年間加入していた個人事業主や専業主婦は月に約6・5万円、厚生年金がある会社員、公務員なら月に10万～17万円程度が、支給額の目安です。

こういった目安を知っておくだけでも、老後の生活設計が立てやすくなります。

それでは、年金について詳しく見ていきましょう。

①国民年金（老齢基礎年金）の年金額

老齢基礎年金の年金額は、国民年金の保険料を納めた期間の長さによって計算されます。

国民年金の保険料を納めたとされる期間が40年間あれば、老齢基礎年金の年金額は**年額約78万円**です。また、厚生年金の加入期間のうち、20歳から60歳までは、国民年金の保険料を納めた期間とされます。

ミニポイント8

自分の年金はどれなのか確認しましょう

②厚生年金（老齢厚生年金）の年金額

老齢厚生年金の年金額は、**厚生年金加入中の給料の平均額と、厚生年金の加入期間の長さ**に応じて計算されます。これを「報酬比例」の年金といいます。

③企業年金

厚生年金に上乗せする企業年金は、公的年金ではありません。企業年金を導入するかどうかやその内容については、勤務先によって異なります。

【企業年金の例】

・確定給付企業年金（規約型／基金型）

［図表1◆7］年金額を試算してみよう

年金額の計算

①国民年金（老齢基礎年金）

老齢基礎年金額（満額） × 国民年金保険料を払った月数 / 480ヵ月（40年）

20歳から60歳まで加入して約78万円／年

②厚生年金（老齢厚生年金）

加入期間中の給料の平均額 × 5.481 / 1,000 × 加入月数

加入期間と報酬に比例

・確定拠出年金（企業型）
・年金払い退職給付（公務員）

「ねんきん定期便」「ねんきんネット」を使えば、もらえる年金が丸わかり！

毎年、誕生月に届く**「ねんきん定期便」**を見れば、自分の公的年金の状況を確認できます。

50歳未満の人のねんきん定期便には、「これまでの年金加入期間」**「これまでの加入実績に応じた年金額」**「これまでの保険料納付額（累計額）」「最近の月別状況」が記載されています。

50歳以上の人のねんきん定期便には、「これまでの年金加入期間」**「老齢年金の見込額」**「これまでの保険料納付額（累計額）」「最近の月別状況」が記載されています。

50歳をすぎるともらえる年金がある程度具体的にわかるため、それまでのように加入実績に応じた年金額ではなく、見込額が記載されるようになるのです。

節目年齢とされている35歳・45歳・59歳のねんきん定期便には、**「これまでの年金加入**

［図表1◆8］ねんきん定期便（50歳未満［35歳・45歳除く］）

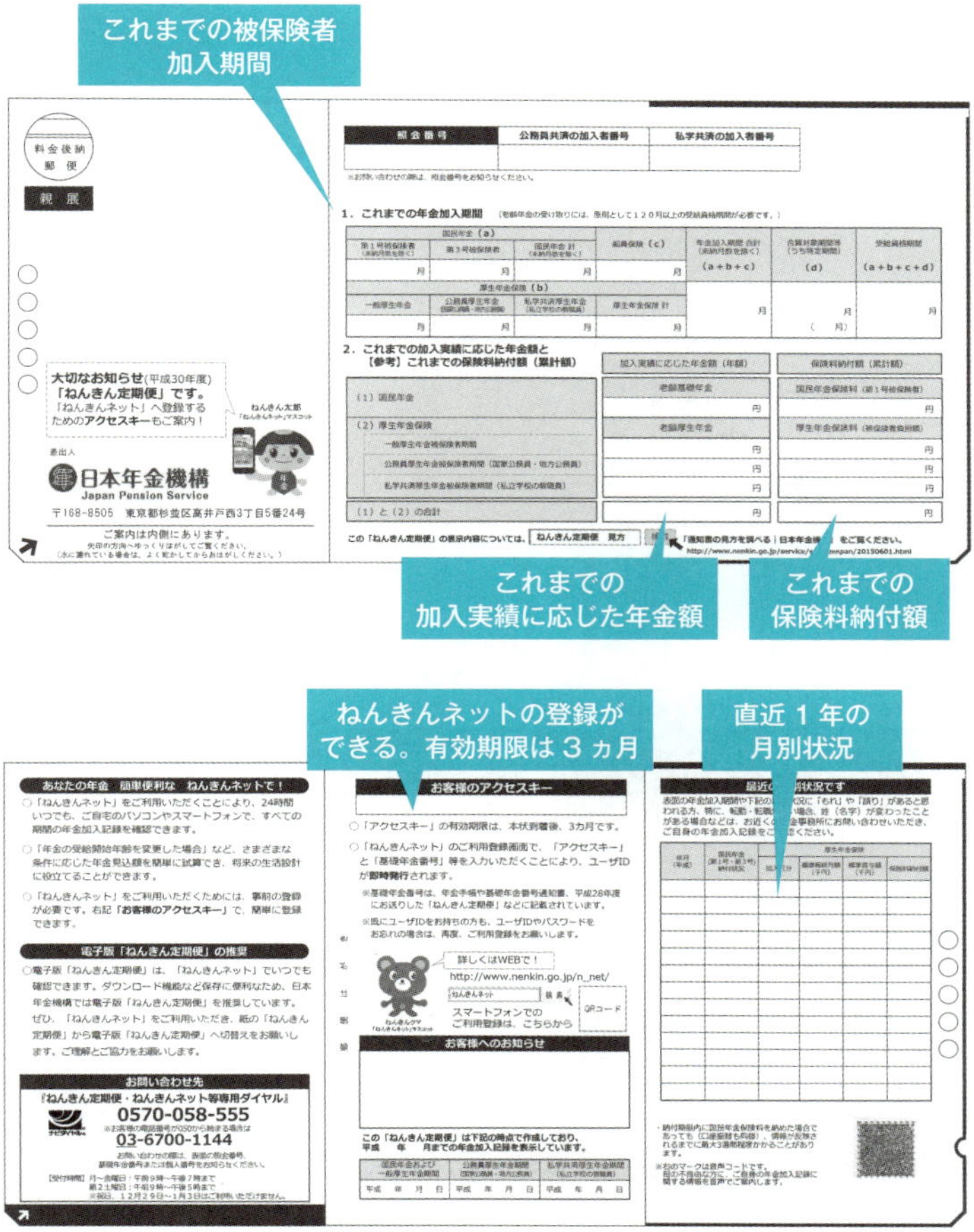

[図表1◆9] ねんきん定期便（50歳以上 [59歳除く]）

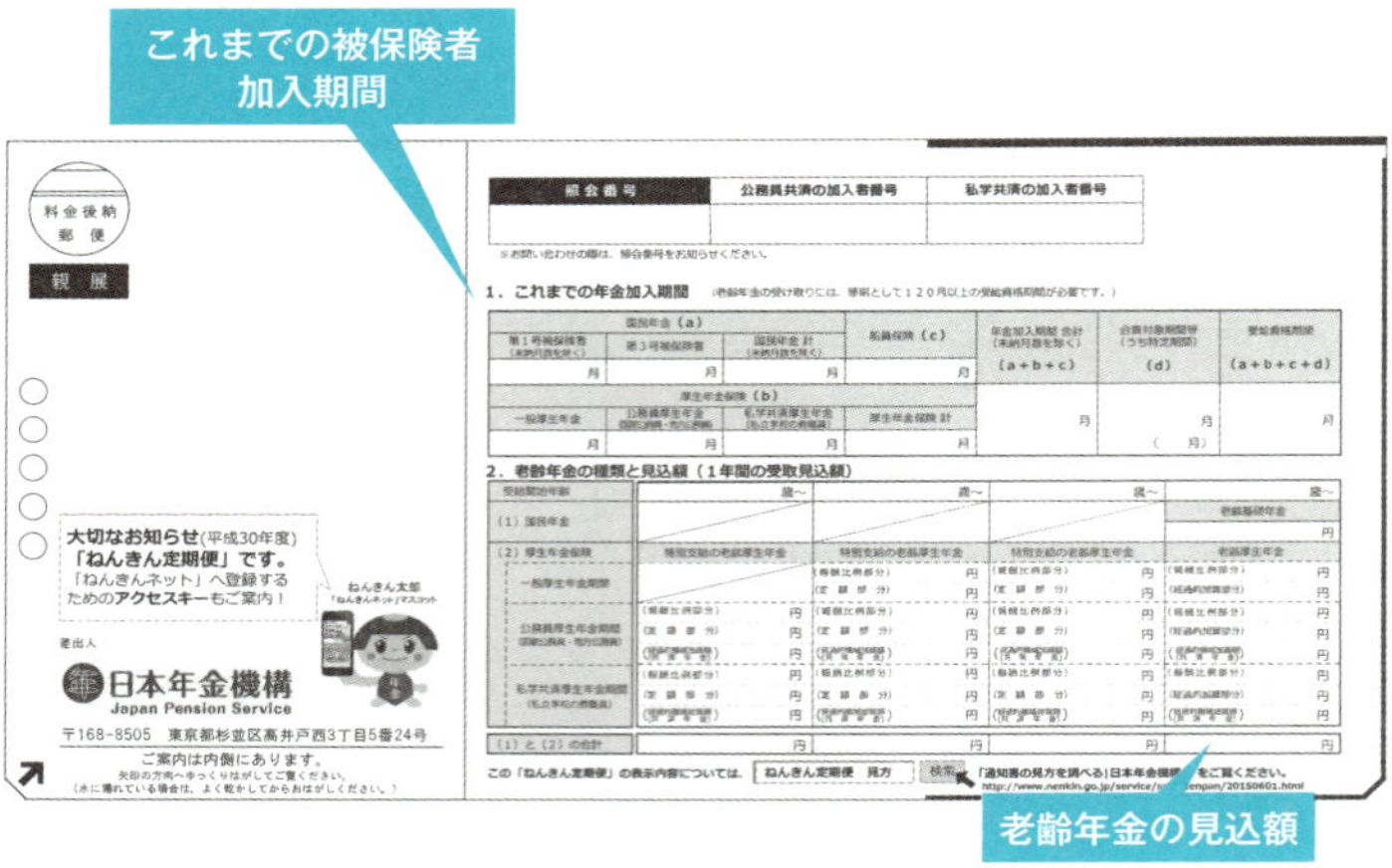

ミニポイント❾

「ねんきんネット」なら いつでも自分の年金を確認できます

履歴」「これまでの国民年金保険料の納付状況」「これまでの厚生年金保険の標準報酬月額などの月別状況」も記載されています。

また、**「ねんきんネット」**は、インターネットで自分の年金情報を確認できます。

ねんきんネットでは、これまでの年金記録や将来受け取る年金の見込額などを、**パソコンやスマートフォンからいつでも見ることができる**のです。

国民年金保険料を納付していない期間や厚生年金保険の標準報酬月額が大幅な変更のある月は、カラーでわかりやすく表示されます。

国民年金保険料や国民年金付加

[図表1◆10] ねんきんネット申請用トップページ

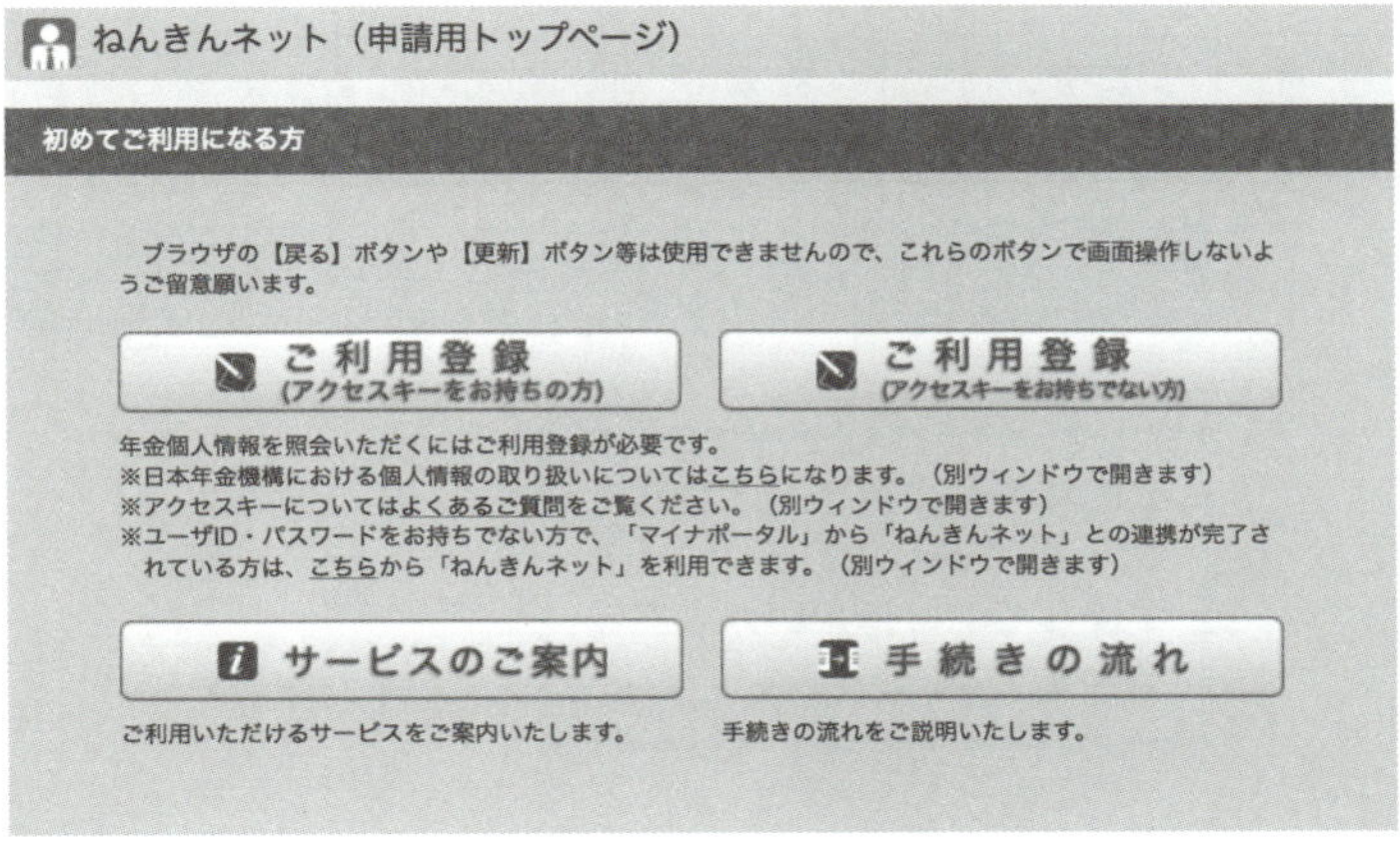

[図表1◆11] 60歳以降の不足額を確認しよう

60歳以降の不足額（例）　　（単位：万円）

本人	60歳	61歳	62歳	63歳	64歳	65歳	66歳	67歳	68歳	69歳	70歳	…	
配偶者													
国民年金（本人）						77	77	77	77	77	77	77	77
厚生年金（本人）						123	123	123	123	123	123	123	123
退職金			空白期間										
企業年金													
個人年金													
合計額①						200	200	200	200	200	200	200	200
基本生活費②	300	300	300	300	300	300	300	300	300	300	300	300	300
不足額②－①	▲300	▲300	▲300	▲300	▲300	▲100	▲100	▲100	▲100	▲100	▲100	▲100	▲100

60歳～64歳で
300万円×5年間＝1,500万円不足

65歳～89歳で
100万円×25年間＝2,500万円不足

公的年金や企業年金の金額を見える化することで、いくら準備しておけばよいかも見えてきますね。

保険料が未納となっている期間や、国民年金保険料の免除、学生納付特例制度または納付猶予制度の適用を受けている期間など、追納・後納等が可能な月数と金額も確認できます。また、将来受け取る老齢年金の見込額を試算することもできます。

「ねんきんネット」の利用には、**利用登録（ユーザーIDの取得）が必要**です。登録の際は、基礎年金番号・メールアドレスを用意しましょう。

公的年金や企業年金が確認できたら、［**図表1◆11**］のように、老後の生活設計についておおよその見当をつけておくと、不足額を把握することができます。

「1億円、自力で貯めなければ！」と情報に振り回されてしまうこともなさそうです。

時代の波に負けない「強い家計」をつくるために知っておくべき3つの変化

「老後が不安だからお金を貯めておこう」と考える人が多いことはよくわかりました。ただ、私たちの家計を取り巻く環境は、常に変化しています。

「不安」を「安心」に変え、「変化に強い家計」にしていくためには、**環境の変化を正確**

ミニポイント⑩

お金にまつわる3つの変化に敏感になりましょう

に把握し、しなやかに対応しながら、計画的に家計を運営していくことが大切になってきます。

それでは、どのような変化が起こっているのかといえば、**①税制改正、②社会保障制度の改正、③金融自由化**の３つです。

①税制改正

２０１３年からの所得税増税、２０１４年からの消費税・住民税増税、２０１５年からの相続税増税・贈与税減税、さらに２０１９年からの消費税増税……という具合に税制改正が相次いでいます。ひとことでいえば「増税ラッシュ」と呼んでいい状況です。

②社会保障制度の改正

年金保険料のアップ、年金支給開始年齢の60歳から65歳への引き上げ、マクロ経済スライド方式の適用、健康保険の給付や保険料の改正などが挙げられます。

③金融自由化

日本では１９９６年にはじまった金融ビッグバンを引き金に、本格的な金融自由化がはじまりました。それまでは横並びだった金利や手数料について、金融機関が自由に設定で

ミニポイント⑪

ボーっと生きていると老後破綻の可能性もありえます

［図表1◆12］3つの環境変化に注目！

家計を取り巻く環境変化は3つあります。
ご自身の家計にどの分野がどのように影響があるか、
またどう変化に対応していくか考えて家計を運営しましょう。

私たちを取り巻く環境の変化

税制改正	→	所得税増税・住民税増税 消費税増税 相続税増税・贈与税減税
社会保障制度の改正	→	公的年金の支給開始年齢 UP 公的年金保険料の段階的 UP 公的年金給付額の実質水準下げ 健康保険制度の改正
金融自由化	→	規制緩和による金融商品や 保険商品の多様化

きるようになったり、投資信託や保険が銀行でも販売されるようになったり、窓口業務も多様化しました。

また、ネット銀行やネット証券という店舗を持たない金融機関も登場し、消費者にとっては便利で良質なサービスを受けられる環境が整ってきました。

私たちはこうした変化の波をしっかりと理解し、**利用すべきものは利用し、回避できるものは回避しなければなりません**。

なんの準備もせず、ただ環境の変化を傍観するだけでは、将来の経済的生活基盤をたしかなものにするのは難しくなります。

社会保険料や税金が高くなるのはなぜ？ 日本経済にもっとも大きな影響を与えた「少子高齢化」

高度成長期が終わり、バブル期を経験した日本経済は、この20年間、長い長いデフレの時代に突入していました。

ミニポイント⑫

今後も社会保険料や税金が高くなる可能性が濃厚

この間、日本経済を取り巻く環境についてもっとも大きかった変化は何かといえば、ズバリ**「少子高齢化」**です。

世界保健機関（WHO）や国連の定義では、65歳以上の高齢者が総人口に占める割合によって、「高齢化社会」（7％超）→「高齢社会」（14％超）→「超高齢社会」（21％超）と段階ごとに分類されるそうです。

では、日本の高齢者人口の割合は、どうなっているのでしょうか？

国勢調査の数字を見てみると、1970年に早くも7・1％で高齢化社会に、1994年に14・1％で高齢社会になりました。

人口推計によれば、2007年に21・5％と、超高齢社会に突入しています。

そして**2018年9月、65歳以上の人口の割合は28・1％と、過去最高を記録**しました。日本は世界でもっとも高齢化が進んだ高齢者大国となっているのです。

高齢者が元気で、長生きしてくれること自体は喜ばしいことです。しかしその結果、社会保障費は年間で121兆円にも上り（2018年度）、GDPの4分の1近くにまで達することになったのです。

その後の伸びも著しく、現在も年間3兆～4兆円のペースで急増しています。消費税率を8％から10％に引き上げた程度ではとても追いつきません。

そのため政府は、国の負担を減らすために、**今後も増税や社会保険料の増額、年金支給**

年齢の引き上げなど、さまざまな制度改正に手をつける可能性が濃厚です。

私たちはそのつど、自分の家計にどれくらいの影響が及ぶのかを数値化し、対応策を考えていく必要があるのです。

あなたの納税額はいくら？ 毎年の手取り収入を確認しよう

ファイナンシャルプランナーとしてセミナーや個別相談をしているとき「額面の年収はおいくらですか？」という質問をさせていただくことがあります。この質問に答えられない人はまずいません。

ところが、**「年間の所得税はいくらですか？」「住民税は？」「所得税の税率は何％になっていますか？」「社会保険料は？」**と聞いてみると、ほとんどの人が回答できないのです。

お金と向き合うためには、**自分が国や自治体に納める税金の額や税率をしっかり把握しておくこと**が重要です。

税額や税率、さらには社会保険料率や年間の社会保険料の総額に敏感になれば、必ずあ

［図表1◆13］額面の年収と手取りの年収（可処分所得）を把握する

手取りの年収（可処分所得）＝ ①額面の年収 － ②所得税 ③住民税 － ④社会保険料（厚生年金／健康保険／介護保険／雇用保険）

●所得税の源泉徴収票

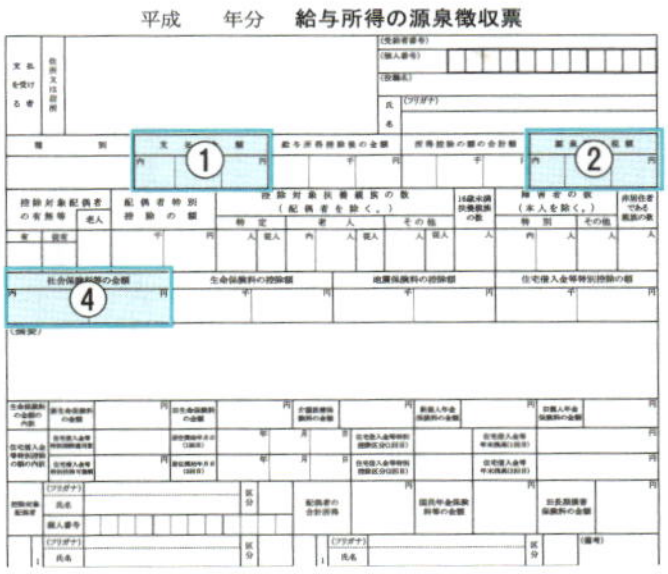

●市民税・県民税 特別徴収税額の決定通知書

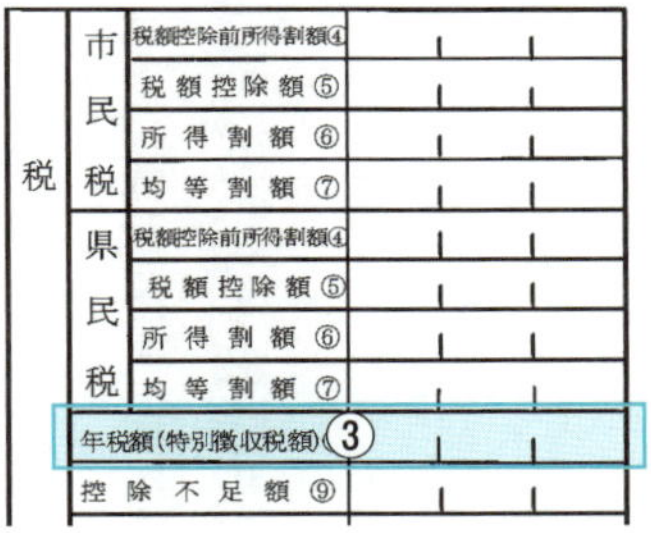

［図表1◆14］社会保険料と税金のイメージ

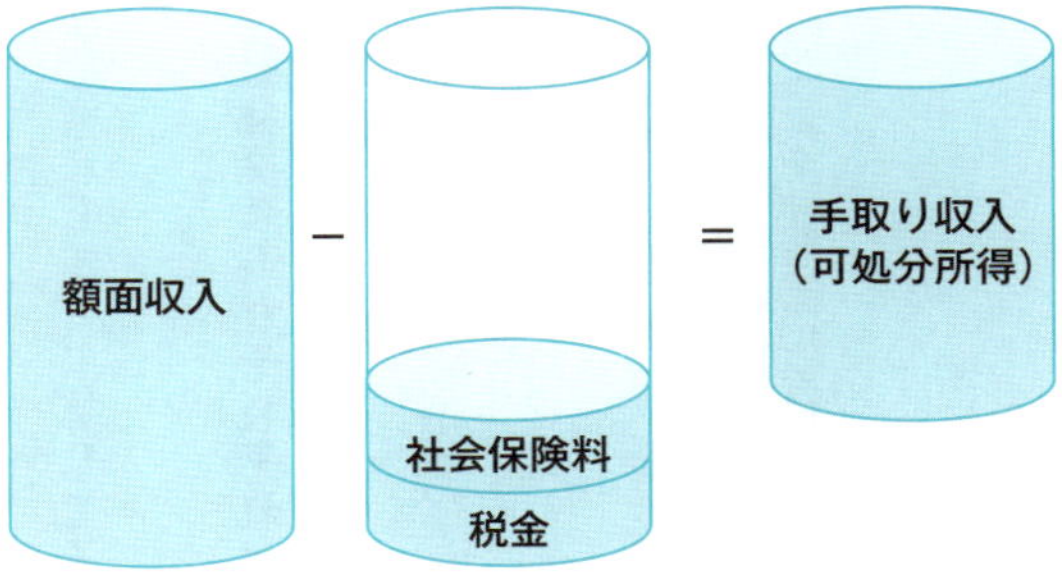

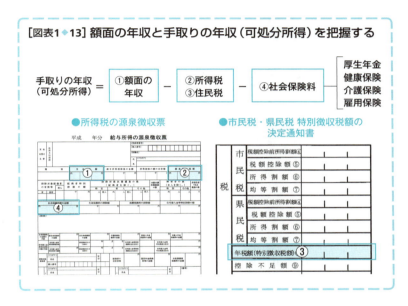

ミニポイント⑬

総支給額（額面）から何がいくら引かれているか把握しましょう

なたも「貯め上手」になれます。

【図表1◆13】で、まずは**自分の手取り収入**を把握してください。

手取り収入は**「年収−（所得税額＋住民税額）−社会保険料」**ではじき出すことができます。自分の源泉徴収票や住民税の特別徴収税額の決定通知書を参考にして、計算してみてください。

手取り収入がわかったら、その手取り収入に対して、**税金や社会保険料がそれぞれどのくらいの割合になっているか**を計算してみましょう。

収入が増えると、それに従って税金や社会保険料も増えていきます。収入の増減は見当がつきやすいと思いますが、それに対する税金や社会保険料をおおよそ把握していれば、税額や保険料も推測できます。

自分がいくら税金や社会保険料（年金、健康保険、雇用保険など）を支払っているか、そして収入に対する割合はどのくらいかを知っておくことで、税制改正や社会保険料アップの変化にも敏感になれます。

ライフプランニングに必要な6つの情報は「貯蓄」「保険」「年金」「住宅」「相続」「税金」

安心して人生を送るために欠かせないのが、**「健康の維持・管理」**と**「お金の管理」**です。私たちファイナンシャルプランナーは、後者の「お金の管理」の専門家として、ひとりでも多くの人がお金とうまくつき合えるよう、アドバイスをしています。

人生設計にもとづいて、お金を管理していくことを**「ライフプランニング」**と呼びますが、その立案には6つの分野がかかわってきます。

6つの分野とは、**「貯蓄」「保険」「年金」「住宅」「相続」「税金」**です。

・家計の基礎部分をつくる「貯蓄」
・万が一のときの備えである「保険」
・老後の支えとなる「年金」
・安心して快適に暮らすための「住宅」
・親から受け継ぎ子に遺す「相続」
・そしてこの5つの分野すべてにかかわる「税金」

安心して豊かな生活を送るためには、この**6分野の基礎知識を身につけると同時に、関連する新しい情報もしっかりキャッチしていかなければなりません**。

それぞれを単独でとらえるのではなく、**それぞれが相関関係にある**ということを念頭に置いて、バランスの取れたプランをつくっていくことが大切です。

次項からは、家計の全体最適を意識したファイナンシャルプランニングについて、考えていきましょう。

[図表1◆15] ファイナンシャルプランニング

うまくいく家計とそうでない家計の差は家計の未来を意識できているかどうか

私たち「家計の総合相談センター」では、セミナーや個別相談を通じて、毎年1万件以上の家計を見ています。

大きな企業では年齢ごとにセミナーを開く場合も多く、同じ採用年度の人が集まるセミナーに伺う機会もあります。

同時期に入社した人たちの家計を見てみると、入社後数年間はそれぞれの貯蓄額に大きな差はないのですが、10年、20年、そして30年と時を重ねていくにつれ、**「やりくり上手でしっかりした」家計と「なりゆきまかせ」の家計との差は、非常に大きなものになっている**のがわかるのです。

退職者向けの、いわゆるリタイアメントセミナーに伺う機会もあります。

同じような待遇・給与であっても、定年退職を迎えるころには、ゆったりと安心して老後を迎えられる家計、赤字続きで老後が不安な家計というように、はっきりと差が出てしまうのです。

うまくいく家計とそうでない家計。この2つの分かれ目は、**「家計の未来を意識してい**

たかどうか」にあったようです。

「しっかりさん」家計は、決して節約マニアのような家計ではありません。それどころか、**使うべきところや自分の趣味にはしっかりお金を使い、楽しく暮らしている人**が多いようです。お金の管理に計画性とメリハリがあるのです。

「なりゆきさん」の家計は、一時的に節約に凝ることはあっても、そもそも**家計の計画や目的がないために、ダラダラと無意味な支出を続けてしまう**ことが多いようです。

将来安心して暮らせる基盤を築くためには、家計の未来図を描かなければなりません。そのためには、次の3つのステップが基本になります。

ミニポイント⑭

年間を通したお金の流れを見てムダな支出を見つけましょう

① 自分や家族がどんなふうに暮らし、どの程度の消費生活を送りたいのかをイメージする

② ①の生活に必要な1年間のお金の目安（貯蓄を含む）を計算する

③ ②のお金をどう用意していくかを考える

必要なお金が用意できないときは、家計の軌道修正が必要です。このとき注意しなければならないのは、**目先の支出を削ることばかり考えない**、ということです。

家計も企業経営と同じです。損益を黒字にして、しっかり利益を蓄積していくためには、

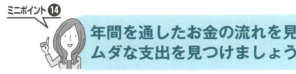

ミニポイント⑮

会社経営と同じように家計も資金管理が重要です

[図表1◆16]「しっかりさん」と「なりゆきさん」の比較

「しっかりさん」の家計の貯蓄残高

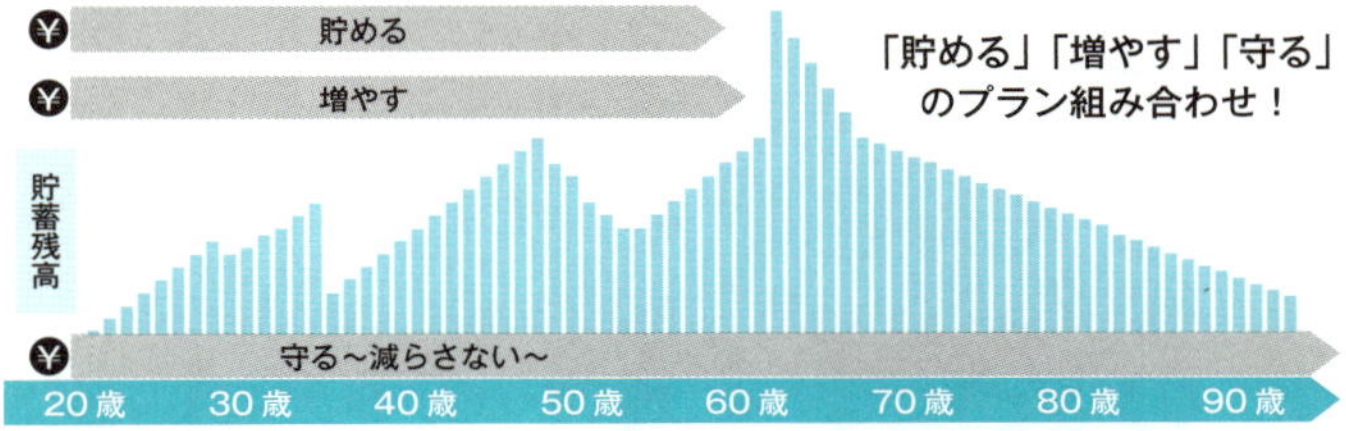

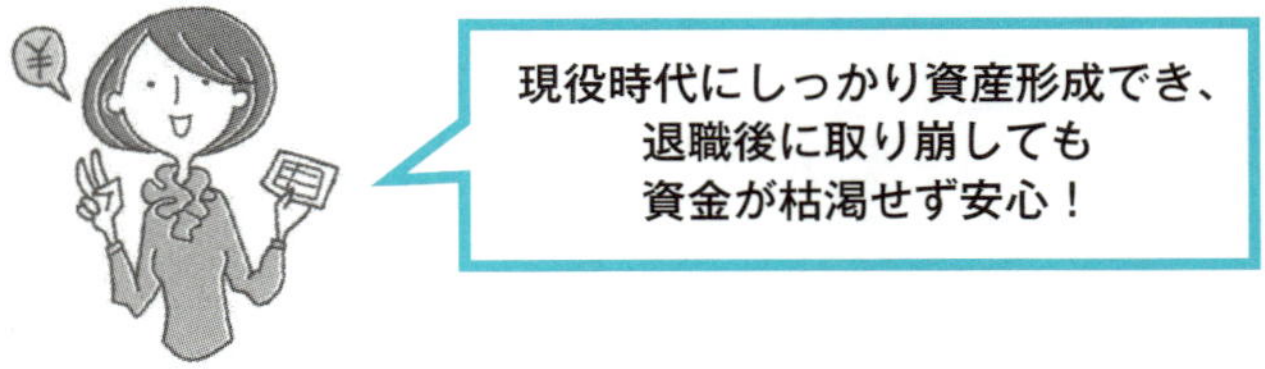

「なりゆきさん」の家計の貯蓄残高

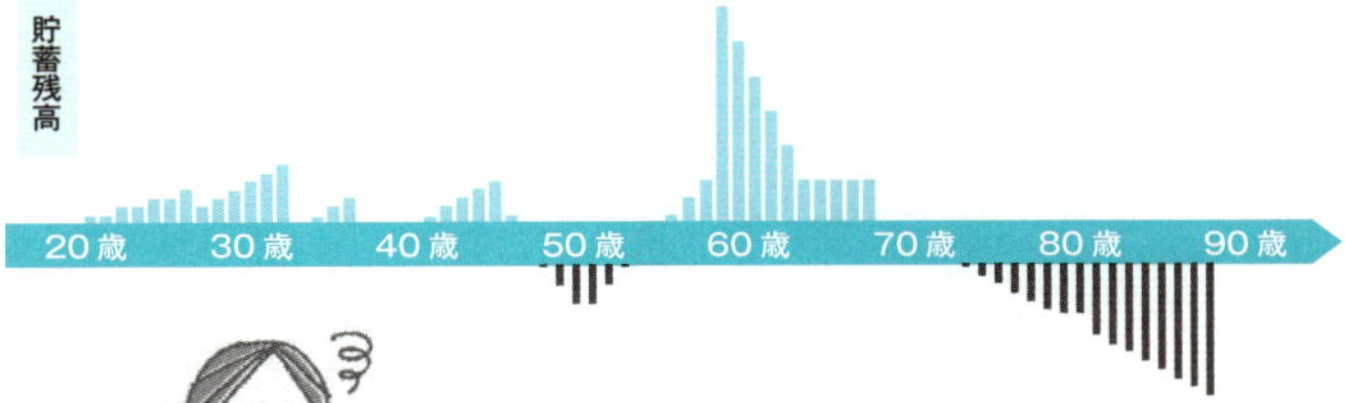

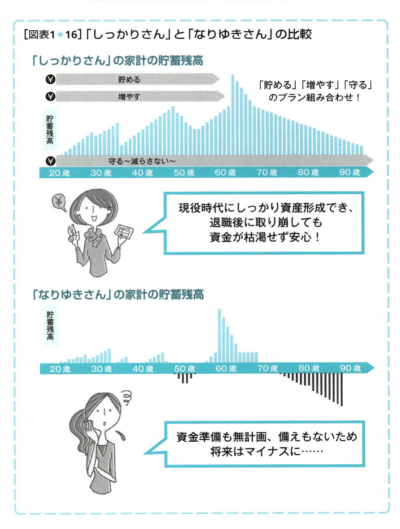

むやみに支出を減らすことよりも、**「売上＝収入」を増やすこと**を考えるべきなのです。

収入アップのためには、自分や家族の**「稼ぎ力」**に注目します。

長期的なキャリアプランを加味しながら収入の予測を立てていき、その額が足りないようであれば、場合によっては、転職やスキルアップで「稼ぎ力」増強を検討しなければならないかもしれません。

こうした「家計管理」の手法は、会社の「資金管理」のそれと共通点があります。

永続的に続く企業の経営においては、売上管理、コスト管理、資産管理、負債管理について、過去・現在・未来とそれぞれに分けて整理しています。

家計も同じように、**収入管理、支出管理、資産管理、負債管理を、過去・現在・未来にわたって考える**ことで、未来の家計状況が具体的に把握できるようになります。

「家計の未来年表」をつくって10年後、20年後のお金を把握しよう

家計の未来を把握するために、58〜59ページの**「図表1◆17」**で、**「家計の未来年表」**を

ミニポイント16

強い家計づくりのコツは「未来を見通すこと」

つくってみましょう。

まずは、現在の自分の**「年齢」「収入」「支出」「収支（預金や投資に回せるお金）」「貯蓄残高」**を書き込んでみてください。

「収入」については税金や社会保険料を差し引いた手取り収入額を、「支出」の欄には生活費や住居費、教育費、余暇費などを書き込みましょう。

さらに、収入から支出を差し引いた金額を「年間収支」の欄に記入してください。この数字があなたの**「年間の貯蓄可能額」**になります。**貯め上手になるための第一歩は、この金額をきちんと把握しておくこと**です。

「あまったお金をなんとなく貯蓄している」という人と、「未来を予測して年間で○万円なら貯蓄できることがわかっているから、毎月○万円、ボーナス月には○万円積み立てる」という具合に、計画的に貯蓄していく人とでは「貯めるパワー」がまったくちがってきます。

表の一番下の欄の**「貯蓄残高」**は、現在の貯蓄残高に年間収支をプラスした残高を記入しましょう。年間収支がマイナスならば、現在の貯蓄残高から引いた数字になります。

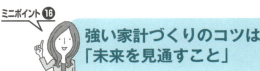

これを毎年繰り返すと、10年後、20年後の我が家の貯蓄残高がいくらになるのか、プラスなのかマイナスなのかを把握することができます。

もし未来の数字が、マイナスになるようであれば、そのマイナス金額がマネープラン見

家計の未来を把握するために、
下記のシートに書き込んでみましょう。
年間貯蓄がいくらずつできて、将来貯蓄残高が
いくらになるか、予想しましょう。

（単位：万円）

2024年	2025年	2026年	2027年	2028年	…	20年後	…	30年後	…
歳	歳	歳	歳	歳		歳		歳	
歳	歳	歳	歳	歳		歳		歳	
歳	歳	歳	歳	歳		歳		歳	
歳	歳	歳	歳	歳		歳		歳	

教育費が一番かかるのは
大学時代。教育資金の準備は
順調ですか？

定年までに
老後資金が準備できますか？

[図表1◆17] 家計の未来年表

これから
どんなイベントがありますか？
どんなことをしたいですか？

収入を
どう構成していきますか？

		2019年	2020年	2021年	2022年	2023年
本人・家族		歳	歳	歳	歳	歳
		歳	歳	歳	歳	歳
		歳	歳	歳	歳	歳
		歳	歳	歳	歳	歳
	主なイベント（住宅購入・入学・自動車購入・旅行など）					
収入	本人					
	配偶者					
	その他					
	①収入合計					
支出	生活費					
	住居費					
	教育費					
	その他					
	②支出合計					
③	年間収支①－②					
貯蓄残高（前年貯蓄残高×（１＋運用利率）＋③）						

年間収支がマイナスの場合は、
前年の貯蓄を取り崩すことに。
マイナスが続くのは要注意！
年間収支がプラスの場合は、貯蓄が増えます。

住宅ローンを組んでも
ほかの資金に影響しませんか？

直しの具体的な目標額になります。

このように、**10年後、20年後の目標金額を把握しておくと、「なんとなく将来が不安な家計」から「安心して人生を送れる家計」に変える**ことができます。

もちろん社会環境や経済環境の変化など、外的要因による家計への影響があるかもしれません。

そういった場合は、いち早くその影響を金額で把握し、この表を修正していきましょう。**変化に柔軟に対応し、計画をこまめに調整していくことも、「強い家計」をつくるための重要なポイント**です。

我が家の「稼ぎ力」はどのくらい？生涯賃金を意識しながら働く

家計を運営する際に、**「収入管理」**が大切だということはすでに述べました。

収入はそれぞれの人のキャリアによって大きく変わります。家計の収入をどのように構成していくかは、キャリアプランをどう描いていくかと密接な関係があります。

ミニポイント⑰

支出を削るのも大切ですが収入を増やす努力が基本

〔図表1◆18〕は、男女の平均生涯賃金をまとめたものです。学歴や企業規模によって、その生涯賃金は**2億円近くの差がつきます**。

退職金や企業年金、公的年金を加味すると、一番少ない集団と多い集団とでは、**90歳までにさらに大きな差がつく**ことになりそうです。

相談センターでのご相談でも、正社員登用のチャンスがあるのに、扶養の範囲内で働くほうが得だと思い込んで、パートで収入を調整している女性や、年金支給がカットされるのを避けるために、パートで働く高齢者もいます。

たしかに、妻が夫の扶養の範囲内で働くなら、所得税や住民税、健康保険や年金の保険料などを支払わなくてすみます。

正社員や契約社員になったり、労働時間や収入が増えたりすれば、妻自身が厚生年金や企業年金、健康保険に加入することになります。差し引かれる金額は大きくなりますが、**給与や賞与、福利厚生などのメリットだけでなく、年金や退職金によって、生涯賃金を引き上げることができる**のです。

年金受給中の人も同様です。「年金カット」だけにまどわされず、**働くことで収入がアップしたり、健康保険などに加入できたりする**なら、働いたほうが賢明といえるでしょう。

このことを理解して、働き方の選択を考え直す人も数多くいます。

どのようなライフプランを描くにしても、まずはある程度の収入を確保しなければなり

[図表1◆18] 学歴別・企業規模別の平均生涯賃金

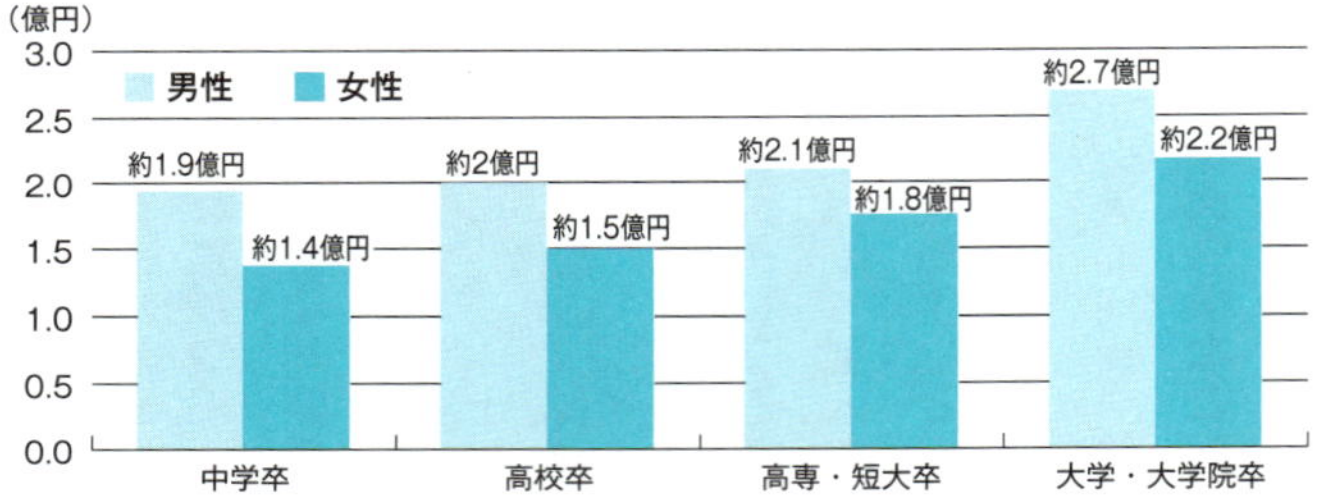

企業規模別

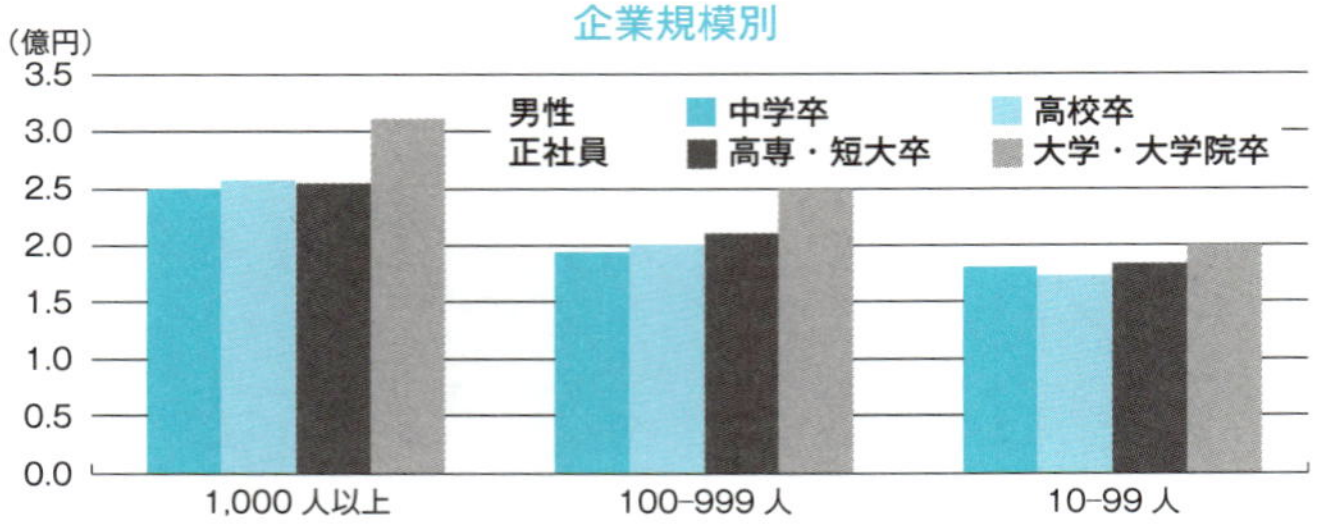

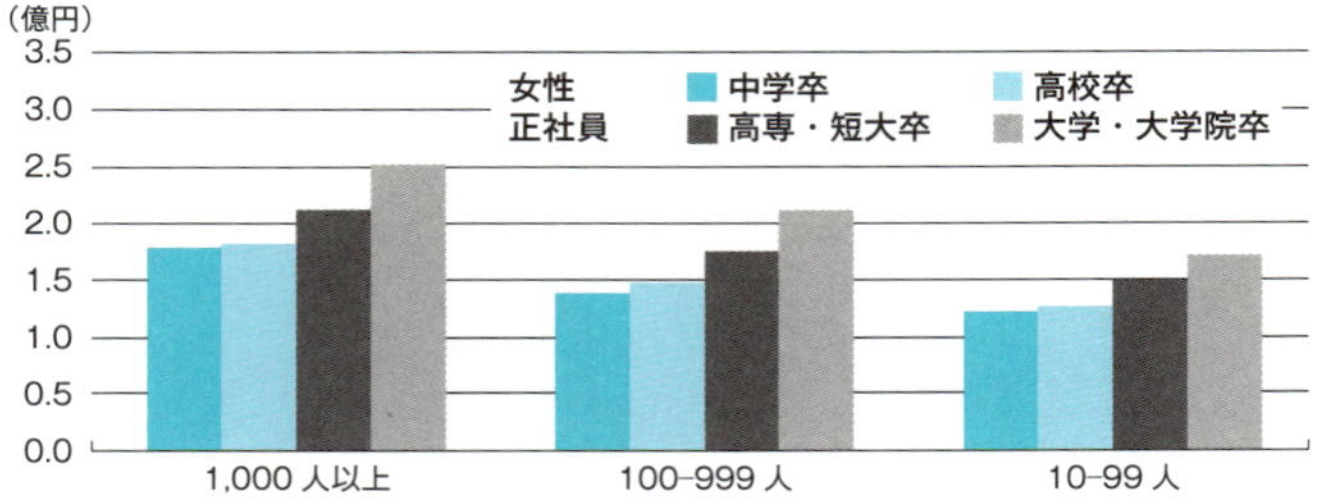

※学校を卒業してただちに就職し、60歳で退職するまでフルタイムの正社員を続ける場合（同一企業継続就業とは限らない）。
（出所）労働政策研究・研修機構「ユースフル労働統計2017」より
厚生労働省「賃金構造基本統計調査」（2015年）より

ません。やはり「稼ぎ力」が大切であることがわかります。

超高齢社会になった日本では、労働人口の減少が問題視されはじめています。それをカバーするために高齢者や女性の就業率を上げていくことは、日本にとっての大きな課題でもあります。

今後さまざまな場所で、高齢者や女性の就業機会は増えていくでしょう。「稼ぎ力」を増強したい家計にとっては、大きなチャンスになるはずです。

住宅、教育、老後——人生の「三大資金」を意識して貯蓄する

結婚するかしないか、子どもを持つか持たないか、住まいは持ち家か賃貸か、老後をどう過ごすか——。

人生にはこうしたさまざまな岐路があり、どんな選択をするのかによって、ライフプランは大きく異なってきます。

なかでも、突出して大きな支出が3つあります。

それは、**①住宅資金、②教育資金、③老後資金**の3つ。これらは「人生の三大資金」と呼ばれます。

いずれも数千万円以上の大きな額になるため、ほかの必要資金よりも優先順位を高くして管理する必要があります。

①住宅資金

まずは、住宅資金です。

住宅については、購入する、借りる、相続するといった選択肢がありますが、ここでは購入する前提で話を進めます。

［図表1◆19］に掲げたケースでは、**3500万円の住宅を購入する**ことにしました。頭金を1000万円準備して、残りの2500万円は住宅ローンを利用します。

返済期間30年、金利2％とすると、1年

［図表1◆19］住宅購入のケーススタディ

物件価格　3,500万円

＝ 頭金 1,000万円 ＋ 住宅ローン 2,500万円

↓

総返済額 3,327万円

住宅資金　4,327万円

※金利2%、返済期間30年、全期間固定金利・元利均等返済の場合。

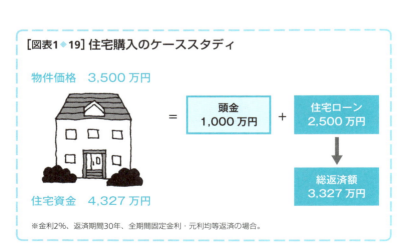

ミニポイント⑱

住宅購入は「資金計画」が何よりも重要

の返済額は約111万円、30年間で約3327万円返済することになります。**頭金と合わせて、合計で約4300万円を超える額が住宅資金として必要になる**計算です。最近は金利0・5％程度の住宅ローンもあり、金利によって総コストは変わります。**頭金はいくらか、変動金利か固定金利か、住宅ローン減税はどの程度利用できるのか。**そういった要素も織り込みながら、住宅資金の手当てを考えていきましょう。

住宅資金については、**［図表1◆17］**の「家計の未来年表」（58～59ページ）にあらかじめ書き込んでおくと、無理のない資金計画が立てられます。

- ・住宅購入までに準備できる資金はいくらか
- ・住宅ローン返済開始から返済が完了するまで貯蓄残高がマイナスにならないか
- ・教育資金や老後資金などほかの資金に影響がないか

これらをしっかり確認しておくと、購入可能な住宅価格も見えてくるはずです。

将来、貯蓄残高がマイナスになってしまうような場合は、借入額を減らして、住宅購入プランを見直すことも検討しましょう。

住宅ローンのメンテナンスには、**「繰り上げ返済」「借り換え」「返済条件変更」**などがあります。返済開始後も必要に応じて見直しを検討しましょう。

ミニポイント⑲

「繰り上げ返済」や「借り換え」で住宅ローンもメンテナンス

・繰り上げ返済

住宅ローン借り入れの後に、元本のみを返済することを繰り上げ返済といいます。繰り上げ返済を行うことで、利息が軽減されます。

繰り上げ返済には、**月々の返済額はそのままで返済期間を短くする「期間短縮型」と、返済期間はそのままで毎月の返済額を軽減する「返済額軽減型」**があります。

・借り換え

現在借りている住宅ローンを別の金融機関で借りなおすことを、借り換えといいます。**より低い金利のローンへの借り換えや、金利上昇リスクを軽減するための借り換え**などが考えられます。事務手数料など、借り換えに必要な諸費用も確認しましょう。

[図表1◆20] 住宅資金計画のポイント

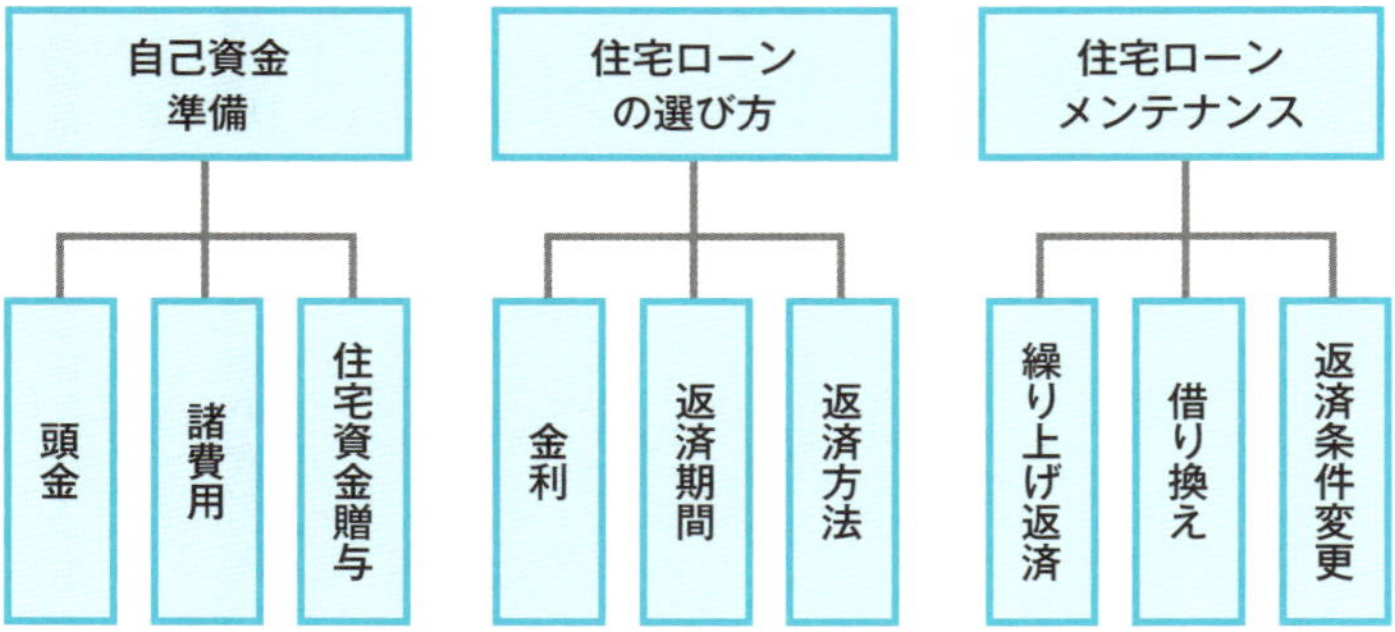

[図表1◆21] 返済額を計算してみよう

借入金額　　　下表の返済額　　　毎月返済額

＿＿＿万円 ÷ 100 × ＿＿＿円 ＝ ＿＿＿円

毎月返済額　　　年間返済額

＿＿＿万円 × 12 ＝ ＿＿＿円

「家計の未来年表」で確認してみましょう。

年間返済額　　　返済期間　　　総返済額

＿＿＿万円 × ＿＿年 ＝ ＿＿＿円

返済期間や金利による総返済額のちがいも比較してみましょう。

借入額100万円当たりの毎月返済額　（単位：円）

金利	返済期間					
（%）	10年	15年	20年	25年	30年	35年
0.5	8,545	5,767	4,379	3,546	2,991	2,595
1.0	8,760	5,984	4,598	3,768	3,216	2,822
1.5	8,979	6,207	4,825	3,999	3,451	3,061
2.0	9,201	6,435	5,058	4,238	3,696	3,312
2.5	9,426	6,667	5,299	4,486	3,951	3,574

※全期間固定金利・元利均等返済の場合。

ミニポイント⑳

かかる時期が決まっている教育資金は早いうちに準備しましょう

・返済条件変更

金融機関は変更せず、金利や返済期間などの返済の条件を変えて負担を軽減するものです。現在借りている金融機関に相談・交渉してみましょう。

②教育資金

子どものいる家庭では、教育資金も必要になってきます。

教育費は、どの年齢でどの程度の額が必要になるか、ある程度予測ができます。**子どもが誕生してから、十数年かけてじっくり貯めることができる資金**です。

いくら準備が必要かは、**公立か私立かの選択**によっても異なります。

たとえば、小学校から高校までは公立、大学で私立の文系学部に進んだ場合、ざっくりとした計算で1人当たり1000万円必要になるといわれています。2人分なら2000万円です。

ピークは大学入学時であることが多く、私立大学の場合、年間100万円を超える費用が必要です。子どもが2人以上の家庭では、**将来必要になる年間教育費の推移を把握**しておきましょう。

住宅ローンの支払いも重なることが多く、とくにこの時期の家計負担は大きくなります。

[図表1◆22] 教育費の目安を知っておこう

●幼稚園から高等学校の学費

（単位：万円）

区分		学校教育費＋学校給食費	学校外活動費	学習費総額	卒業までの合計
幼稚園	公立	14	9	23	70
	私立	35	13	48	145
小学校	公立	10	22	32	193
	私立	92	61	153	917
中学校	公立	18	30	48	144
	私立	101	32	133	398
高等学校	公立	28	18	46	135
	私立	76	29	105	312

※保護者が支出した子ども1人当たりの年間支出額。
（出所）文部科学省「子供の学習費調査」（平成28年度）より

●大学の学費

（単位：万円）

区分		授業料＋施設設備費	入学料	初年度納入金額	卒業までの合計
国立大学		54	28	82	243
私立大学	文科系学部	92	23	115	390
	理科系学部	126	26	152	531
	医歯系学部	378	101	479	2,370
	その他学部	119	27	146	503

（出所）文部科学省　国立大学標準額
平成28年度私立大学等入学者に係る初年度学生納付金平均額の調査結果
卒業までの合計は「家計の総合相談センター」が試算

●一人暮らしの大学生への仕送り

費用がかさむ5月の仕送り額	出費が落ち着く6月の仕送り額
101,500円	86,100円

（出所）東京私大教連「私立大学新入生の家計負担調査（2017年度）」より

教育資金は、**学資保険やジュニアNISA（97ページ）など解約がしにくく拘束性のある金融商品でしっかり備えておく**のがコツといえます。

③老後資金

夫婦2人の「老後資金」は単純計算で、1億円必要になります。その金額だけを聞いたら驚くかもしれませんが、**公的年金や退職金で大半をカバー**することができます。

年金・退職金で7000万円程度手当てできるのであれば、自分で貯めておかなければならない額は3000万円ということになります。

ここで挙げた例はあくまで一例にすぎません。**自分の家計状況、ライフプランに合わせて、三大資金の予算化を進めてみてください**。

三大資金の見通しが立てば、家計が安定し、旅行費用や趣味の費用などに安心して振り分けることができます。「家計の見える化」をしていきましょう。

お金を増やす超正解❶

×
やっぱりお金は預貯金が一番安心！
投資は損をする可能性が大きいから、なんだか怖い

○
「投資」と「投機」はちがう。リスクの高い「投機」ではなく、
有望な投資先に長期的に資金を投じる「投資」をする

お金を増やす超正解❷

×
とにかく老後の不安を解消したい
でも、何をすればいいのかわからない

○
インフレ対策や老後資金の備えとして
お金を効率的に運用しながら貯蓄を増やしていく

お金を増やす
超正解
❸

×
投資をするからには
お金の勉強をしたり、毎日株価をチェックしなければならない

○
資産運用に割くエネルギーは最低限にして
仕事に全力投球できる生活スタイルを目指す

お金を増やす
超正解
❹

×
将来ちゃんと年金をもらえるか不安
そもそも自分が年金をいくらもらえるかわからない

○
「ねんきん定期便」や「ねんきんネット」をチェックして
定期的に自分の年金額を把握し、老後に必要な資金を算出する

お金を増やす
超正解
5

×
金融や政治のニュースは興味がないし
よくわからないのでほとんど見ない

○
生活に影響のある①税制改正、②社会保障制度の改正、
③金融自由化の変化についてのニュースは常にチェックする

お金を増やす
超正解
6

×
給与明細や源泉徴収票を確認したことがない
自分が納めている税金の額もよくわからない

○
給与明細や源泉徴収票の総支給額（額面）と手取りの差を見て、
何がどれだけ引かれているのかを知っておく

お金を増やす
超正解
❼

×
自分がきちんと貯蓄できているのかどうかわからず
常に漠然としたお金の不安がある

○
家計の未来年表をつくり、10年後、20年後……の家計を予測する
目標達成のために、収入アップも視野に入れる

お金を増やす
超正解
❽

×
日々の生活はまかなえているが
いつまでに、いくら貯めるべきなのかが曖昧になっている

○
人生の三大資金は、①住宅資金、②教育資金、③老後資金
自分の場合はいつ、どのくらい必要かをイメージし、予算化しておく

第2章

やらなきゃ損！「NISA」「確定拠出年金」「保険・年金控除」

税制優遇だけでも「圧倒的な差」がつく！

【お金を守る＆増やす編】

多様化する金融商品
まずは4つの大まかな分類を知っておこう

金融の自由化が進んだおかげで、**ネット銀行やネット証券**という新たな業態が生まれ、私たちはその利便性を大いに享受できる時代になりました。

また、従来からある銀行や郵便局でも、**規制緩和によって数多くの商品が取り扱われるように**なりました。

このように金融商品や取扱窓口が増加した一方で、**「選択肢が増えたことはありがたいけれど、種類が多すぎて自分に合った金融商品を選ぶのが大変。とても使いこなせる気がしない」**と感じている人も多いのではないでしょうか。

［図表2◆1］を見てください。多様化する金融商品の性格が理解できるよう、**金融商品のリスクとリターン**がひと目でわかるようになっています。

縦軸は市場で価格が変動する金融商品かどうか（価格変動が大きい・小さい）、横軸は為替による影響を受ける金融商品かどうか（為替変動が大きい・小さい）を基準に、金融商品を分類しています。いずれも変動が大きいほど、リスクもリターンも大きくなります。

[図表2◆1] 4つのエリアで金融商品を理解する

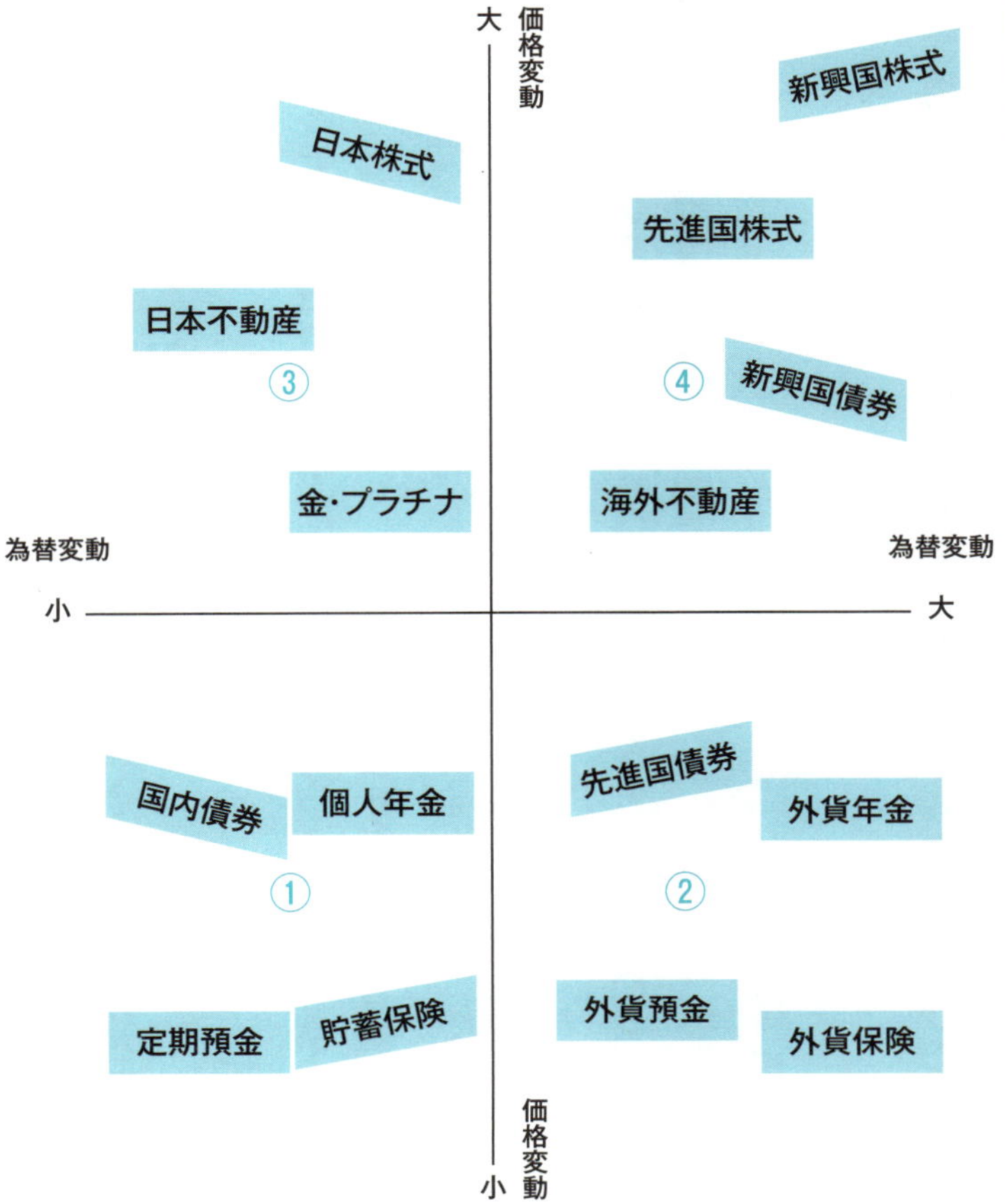

ミニポイント㉑

金融商品のリスク（変動の幅）の原因を理解しましょう

①のエリアは、元本が保証される金融商品です。

代表的なものに、定期預金や日本国債などの国内債券、保険会社の個人年金や貯蓄保険があります。①のエリアの商品のみでマネープランを立てておけば、**預けたお金が元本割れを起こすことは原則ありません。**

②のエリアは、①に為替リスク（為替の影響による価格変動）をプラスした商品です。

日本の円だけでなく、アメリカのドル、ヨーロッパのユーロなど、**海外の通貨に資産を分散して保有しておきたい人向け**です。

③のエリアは、国内の値動きする金融商品です。

日本株への投資で国内企業の成長を自分の資産に組み入れたい人、国内の不動産を保有して賃貸収入や値上がり益を得たい人向けです。また、金・プラチナなど株式や債券とは異なる値動きをする商品も、このエリアに分類できます。

④は、③の海外版です。

欧米の先進国や新興国の企業の成長を自分の資産に取り込んでいきたい人や、海外の不動産を保有し家賃収入や値上がり益をねらっていきたい人向けの商品です。

資産運用を踏まえたマネープランを組み立てていく際には、リターンとリスクを勘案しながら、この①から④のカテゴリーの商品を選び、バランスを考えながら組み合わせていくことになります。

ですから、まずはこの4つの分類をよく理解することが第一歩です。

有利なマネープランを立てるために税制優遇制度を知っておこう

マネープランを考えたとき、見逃されがちなポイントがあります。

それは**「税制優遇をうまく活用すること」**です。

とくに資産運用というと、利回りや値上がり益のことばかりについつい目が向いてしまいがちで、税制優遇のメリットはあまり注目されていません。

これは、とてももったいないことです。**個人が堅実に資産を増やしていくことを考えるならば、税制優遇を十二分に活用することが一番の近道**なのです。

ミニポイント㉒

「税制優遇を受けられる」＝「有利にお金を貯められる」

しかもこの税制優遇は、原則だれでも（サラリーマンでも、自営業でも、専業主婦でも）利用することができます。

金融商品のパンフレットを前に商品選びであれこれ悩むよりも、まずは税制優遇制度を理解しておくことが大事です。

現在、個人が利用できるおもな税制優遇の制度は次の５つです。

①２００１年10月からはじまった**「確定拠出年金」（企業型DC、iDeCo）**
②２０１２年に制度が拡大された**「保険料控除」**
③２０１４年１月からはじまった**「NISA（少額投資非課税制度）」**
④２０１６年からはじまった**「ジュニアNISA」**
⑤２０１８年１月からはじまった**「つみたてNISA」**

「確定拠出年金」は、積立額や利息・値上がり益など幅広く減税メリットを得られる制度で、定期預金や保険・年金などを含む幅広い金融商品での活用が可能です。

「保険料控除」は、家計の安心・安全のための土台となる「保険・年金」の利用をバックアップする制度です。

「NISA」「ジュニアNISA」「つみたてNISA」は、株式や株式投資信託などの

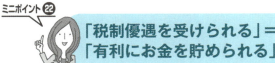

投資商品の値上がり益や分配金などが非課税になる制度で、元本保証がない商品が対象になっています。

生命保険や個人年金、地震保険の掛金が所得控除の対象となっていることは、ご存じの人も多いでしょうが、２０１２年からは介護や医療保険の減税が拡大し、その恩恵を毎年受けることができるようになったのです。

次は、この５つの優遇制度について少し詳しく説明していきます。税制優遇を活用して、賢いマネープランの構築を目指しましょう。

話題になったＮＩＳＡと新設されたつみたてＮＩＳＡ

まずは、一般の**「ＮＩＳＡ（少額投資非課税制度）」**です。

２０１４年１月からはじまったＮＩＳＡは、大きな注目を集めました。**非課税の期間が最長５年間、毎年の投資額の上限が１２０万円（総額６００万円）**というこの制度は、私たちの資産形成の大きな武器となることが期待されています。

ミニポイント㉓

世界的に見ても、国が個人投資家の育成を後押ししています

ＮＩＳＡの原型は、１９９９年4月からイギリスで導入されたＩＳＡ、２００９年1月からカナダではじまったＴＦＳＡにあります。ＮＩＳＡはこれらをお手本にして導入されました。

１９９９年にはじまったイギリスのＩＳＡは、現在の利用者が２３００万人。人口のおよそ4割が口座開設している計算で、残高は91兆円（２０１８年）に上ります。

２００９年にはじまったカナダのＴＦＳＡは、短期間の間に人口の45％にあたるおよそ１２００万人が口座を開設し、いまでは12兆円の残高を誇っています。

日本の人口は、カナダのおよそ4倍、ＮＩＳＡの年間投資額の上限はＴＦＳＡの約2倍であることなどから、ＮＩＳＡは初年度で６３２万人の口座開設、残高については初年度4兆円、２０２０年には25兆円になるものと予測されていました。

ＮＩＳＡには、期間、金額ともに上限が定められていますが、イギリスでは制度開始から9年後に非課税期間が恒久化され累計上限額もありません。カナダでは制度開始時から恒久化されており、定期的に制度を拡大しています。

こうした状況を考えると、日本のＮＩＳＡも将来的には非課税期間の「恒久化」や「非課税枠の拡大」が検討される可能性もありそうです。

ＮＩＳＡに加え、２０１８年からは**「つみたてNISA」**がスタートしました。

つみたてＮＩＳＡは、名前に「つみたて」とつくように、定期的（毎月や半年ごとなど）

に投信を購入していくための制度です。**年間上限額は40万円で、非課税期間は20年間**です。少額からはじめることができるため、**長期での資産形成を意識している人**に、ぜひ利用してほしい制度です。

NISAとつみたてNISAを同時に利用することはできませんが、年単位で切り替えたり、NISAの期間終了後につみたてNISAに切り替えることは可能です。

1800兆円超の個人金融資産にNISAが与えるインパクト

日本には、1859兆円にも上る莫大な個人金融資産があります。

そしてその大半は、リスクのほとんどない「現預金」「保険・年金」に向けられてきました。個人から多額の資金を託された銀行や保険会社は、このお金を企業に融資することによって日本の産業育成に寄与してきました。ちなみに、これを**間接金融**と呼びます。

ところが現在、日本のおもな企業の資金調達の手段は、金融機関からの間接金融から、**新規の株式や社債の発行**といった、低コストで資金調達が可能な**直接金融**にシフトしてき

ミニポイント㉔

NISAの浸透＝個人投資家が経済を動かすということです

ています。

株式市場や債券市場を活性化するためには、資本市場の拡充が不可欠で、政府もその重要性を痛切に感じているのです。

そこで新設されたのが、ＮＩＳＡです。

税制優遇を設けることによって、「現預金」や「保険・年金」に集中していた個人金融資産の一部を、**「株式」や「投資信託」「債券」に移し替えてもらい、市場を充実させたい**というねらいが政府にはあるのです。

それでは、ＮＩＳＡの導入によって、「株式」「投資信託」などへの資金移動はどのくらいになると予測されているのでしょうか？

ＮＩＳＡは、20歳以上の国内居住者が利用できるので、対象者は1億人になるといわれています。もしも1億人全員が、年間の上限額120万円をＮＩＳＡ口座に投じたとすると、1年間で120兆

[図表2◆2] NISA（一般・つみたて）・ジュニアNISA口座における買付額

		買付額
NISA（一般・つみたて）		15兆7,218億3,403万円
	一般NISA	15兆6,290億8,749万円
	つみたてNISA	927億4,654万円
ジュニアNISA		1,162億3,197万円

※2018年12月末時点。

円もの資金が移動することになります。これが5年続けば、計600兆円です。

つみたてNISAも、同様に考えてみましょう。上限額40万円が20年続けば800兆円にもなります。この額は、日本の株式市場671兆円（2018年8月現在）を買い占めるほどの規模になり、大きな経済効果が生まれることになるでしょう。

もっとも、20歳の大学生から100歳のお年寄りまで、全員がNISAの上限額いっぱいまで利用するということはありません。

政府は、対象者となる1億人のうち、5%の500万人が利用するものとし、2020年までの累計投資額を25兆円と見込んでいましたが、口座・投資額は15兆7218億円にとどまっています。

制度導入から6年以上経過したNISA。政府予想よりは低調なようですが、それでも株式市場にとっては巨大なインパクトです。

[図表2◆3] NISA（一般・つみたて）・ジュニアNISA口座数

		口座数
NISA（一般・つみたて）		1,246万6,912口座
	一般NISA	1,142万9,743口座
	つみたてNISA	103万7,169口座
ジュニアNISA		31万2,735口座

※2018年12月末時点。

また、2016年からジュニアNISAがスタートし、0歳の赤ちゃんから100歳を超えるお年寄まで、さらに対象者が広がりました。

NISAやつみたてNISAの浸透は、株式市場からも熱望されています。

NISA導入で貯蓄から資産形成へ

株式市場の振興ばかりが、NISA導入の目的ではありません。

なによりもまず、**「家計の安定的な資産形成の支援」**というねらいが政府にはあります。**将来に備えた資産形成をしやすい基盤整備**という意味が、NISA導入の背景にあるのです。

もっとも、NISA導入には、株式市場の冷え込み回避策という側面もあります。

日経平均株価が7607円をつけ、景気が低迷した2003年、株式や投資信託への投資を促すため、値上がり益と配当収入には従来の半分の軽減税率（10％）が適用されました。

こうした政策やアベノミクスの効果もあり、2014年1月に、日経平均株価は1万6000円台にまで達したわけですが、軽減税率の措置は2013年末までのものでした。

ミニポイント㉕

NISAで資産形成が有利になります

[図表2◆4] NISAの変遷と証券税制

	NISAの変遷	証券税制
2003年		**株式等の譲渡益の税率10%** （所得税7%、住民税3%）
2013年		**株式等の譲渡益の税率10.147%** （所得税および復興特別所得税7.147%、住民税3%）
2014年	**NISAスタート** ・投資限度額　年間100万円 ・5年間非課税 ・金融機関の変更はできない	**株式等の譲渡益の税率20.315%** （所得税および復興特別所得税15.315%、住民税5%）
2015年	1年ごとに金融機関の変更が可能になる	
2016年	**投資上限額が年間120万円に引き上げられる** **ジュニアNISAスタート** ・0～19歳が対象 ・投資上限額は年間80万円 ・18歳まで払い出し制限あり	**公社債の譲渡益に対して20.315%**（所得税および復興特別所得税15.315%、住民税5%） **上場株式等と公社債等の譲渡損益・利子等の損益通算が可能**
2017年	**ロールオーバー時の上限撤廃**	
10月	つみたてNISA申し込み可能	
2018年	**つみたてNISAスタート**	

さまざまな制度改正を経て、
現在の制度になっています。
今後の動向にも注目しましょう。

税率が従来の水準に復帰するのをきっかけに、せっかく回復してきた株式市場がふたたび冷え込むのを回避するため、他国で成功例のある少額投資非課税制度、すなわちNISAが新設されることになったのです。

NISAってどういう制度？
基本的な特徴をおさえておこう

NISAの正式名称は、**「少額投資非課税制度」**。

「少額」（＝年間投資元本120万円まで、つみたてNISAは年間投資元本40万円まで）の「投資」に対して、その値上がり益や配当金が「非課税」になるという制度です。

制度を利用できるのは、口座を開設する年の1月1日時点で20歳以上の日本に住んでいる人です。

ですから、夫婦それぞれが口座を持つこともできますし、成人した子どもがいればその子どもも一緒に利用できます（未成年者向けのジュニアNISAもあります）。

NISA口座を開設できるのは、2014年から2023年までの10年間です。

ミニポイント㉖

NISAは年間120万円まで
つみたてNISAは年間40万円まで

[図表2◆5] 投信を購入して10万円の利益が出た場合

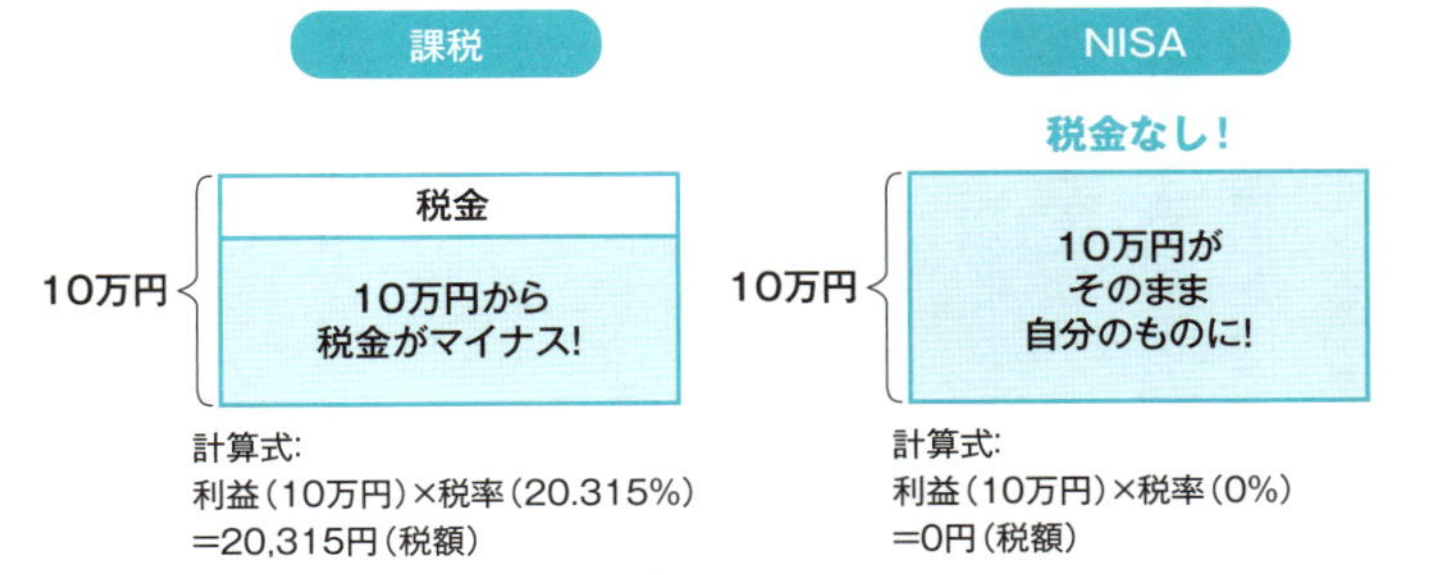

[図表2◆6] NISAは10年間(2023年までの時限措置)

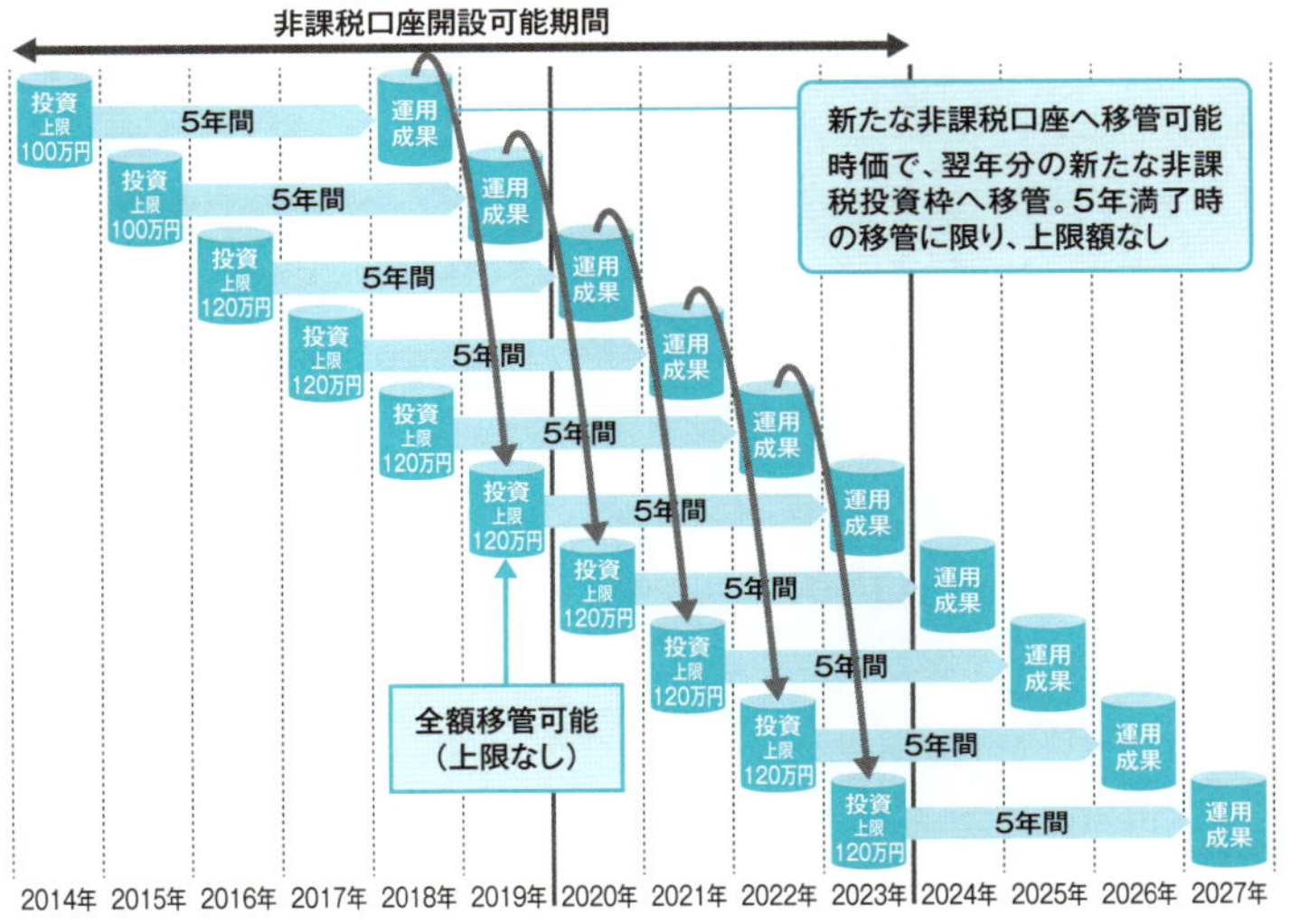

ミニポイント㉗

NISAの非課税期間は5年間で繰り越しが可能

つみたてNISAは、2018年から2037年の20年間です。前述のように将来的には恒久的制度になる可能性もありますが、現状では期間限定の制度となっている点に注意が必要です。

NISA口座で購入した商品はいつでも売却可能ですが、一度売却してしまうとその枠を再利用することはできません。この場合、新たにNISA口座で金融商品を購入するのであれば、翌年の枠を使えるようになるまで待つ必要があります。

それから、非課税枠の管理の煩雑さもあり、**NISA口座の開設は1人1口座、1金融機関**となっています。

1年ごとに金融機関を変更することもできますが、その後の管理が煩雑に

[図表2◆7] つみたてNISAは20年間非課税

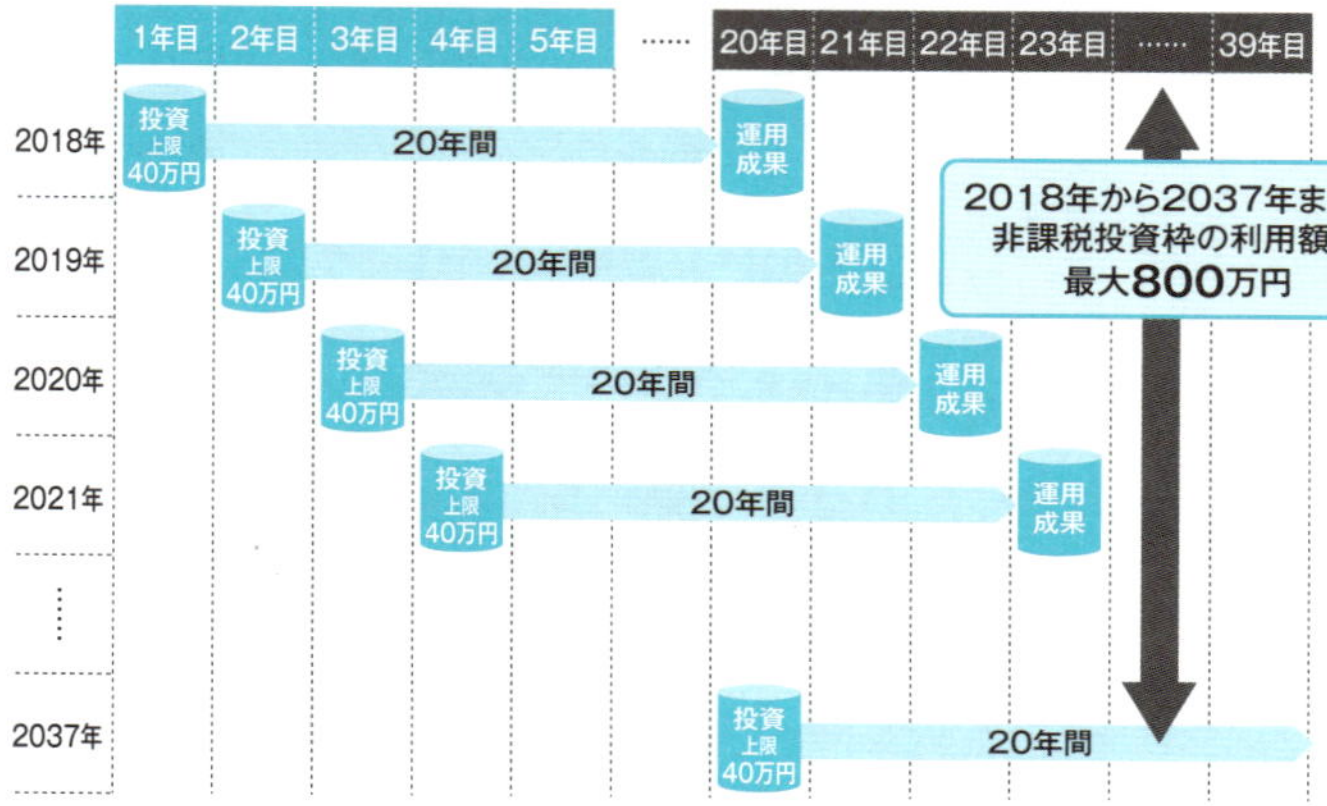

なることもあり、おすすめできる利用法とはいえません。

したがって、金融機関を頻繁に変更するのは現実的ではありません。**どの金融機関を利用するかについては、はじめにしっかりと検討すること**をおすすめします。

NISAの対象となる金融商品は金融機関によってちがう！

NISAの対象となる金融商品は、**国内外の上場株式、ETF（上場投資信託）、公募株式投資信託**など、幅広い選択肢があります。

つみたてNISAは、**金融庁が設けた基準を満たしたETF、公募株式投資信託**に絞られています。預貯金、国債、社債、外貨預金、国内外のMMFなどは、つみたてNISAの対象外です。

ここで注意しなければならないのは、NISAの対象となる商品は、**口座を開設する金融機関によって微妙に異なる**という点です。NISA口座で先の全商品を扱うのか、あるいは一部だけを対象とするのかは、各金融機関に一任されています。

ＮＩＳＡ口座の開設は「1人1金融機関」と法律で制限されています。「ぜひ購入したい」という金融商品があるなら、**口座開設前に、その金融機関で取り扱っているかどうかを確認する**ことが必要です。

株式を購入するなら証券会社ですが、投資信託を購入するなら銀行も証券会社も取り扱いがあります。ある程度絞ったら、手数料や投資信託のラインナップなどを確認しましょう。

「ＮＩＳＡ」と「つみたてＮＩＳＡ」どちらを選べばいい？

ＮＩＳＡとつみたてＮＩＳＡは、年間の投資上限額や非課税となる期間、選択できる金融商品などが異なります。

それでは、どちらをどのように利用すればよいのでしょうか？

ＮＩＳＡでは投資ができる期間は5年間ですが、つみたてＮＩＳＡでは20年間にわたって非課税で投資ができます。

ミニポイント28

つみたてNISAの非課税期間はなんと最長20年！

投資の世界では、**リスクを軽減して安定収益を目指すためには「長期投資」が重要**という考え方があります。NISAよりもつみたてNISAのほうが非課税で投資ができる期間が長いため、**長期投資が実践しやすい仕組み**となっています。

つみたてNISAは20年という長期で非課税となるため、従来のNISAで行えるロールオーバー（5年間の非課税期間満了後、翌年のNISA非課税投資枠へ移す）は想定されていません。

NISAでは投資の方法に制限はなく、年間120万円という限度額を一度に投資しても、毎月10万円ずつ投資してもかまいません。

[図表2◆8]「NISA」と「つみたてNISA」「ジュニアNISA」のちがい

	つみたてNISA	一般NISA	ジュニアNISA
だれが利用できる？	20歳以上の日本居住者（非課税口座が開設される年の1月1日現在）	20歳以上の日本居住者（非課税口座が開設される年の1月1日現在）	0〜19歳の日本居住者（非課税口座が開設される年の1月1日現在）
いくら利用できる？	**40万円／年 同じ時期に最大20年分800万円投資可能 累積投資（積立）のみ**	**120万円／年 同じ時期に最大5年分600万円投資可能**	80万円／年（最大400万円）
どのくらい利用できる？	**最長20年間（新規投資は2037年まで）**	最長5年間（新規投資は2023年まで）	最長5年間（新規投資は2023年まで）
対象商品は？	一定の要件を満たした投資信託、ETF	上場株式、投資信託、ETF等	上場株式、投資信託、ETF等
いつでも引き出しできる？	引き出し可能（非課税枠は費消する）	引き出し可能（非課税枠は費消する）	18歳まで引き出し不可（課税での引き出しは可能）
金融機関は変更できる？	可	可	不可

対して、つみたてNISAでは**「累積投資契約に基づく定期かつ継続的な方法による買付け（購入）」**と決まっており、一度にまとめて投資することはできません。そのため、つみたてNISA口座を開設した金融機関で、累積投資（積立投資）契約をする必要があります。

ちなみに、積み立ての頻度は「毎月」だけでなく、「毎週」「毎日」を選択できる金融機関もあります。

つみたてNISAでは、投資の方法が「積み立て」に限定されているため、対象となる商品も積立投資に適した一定の公募投資信

[図表2◆9] 積み立て設定例

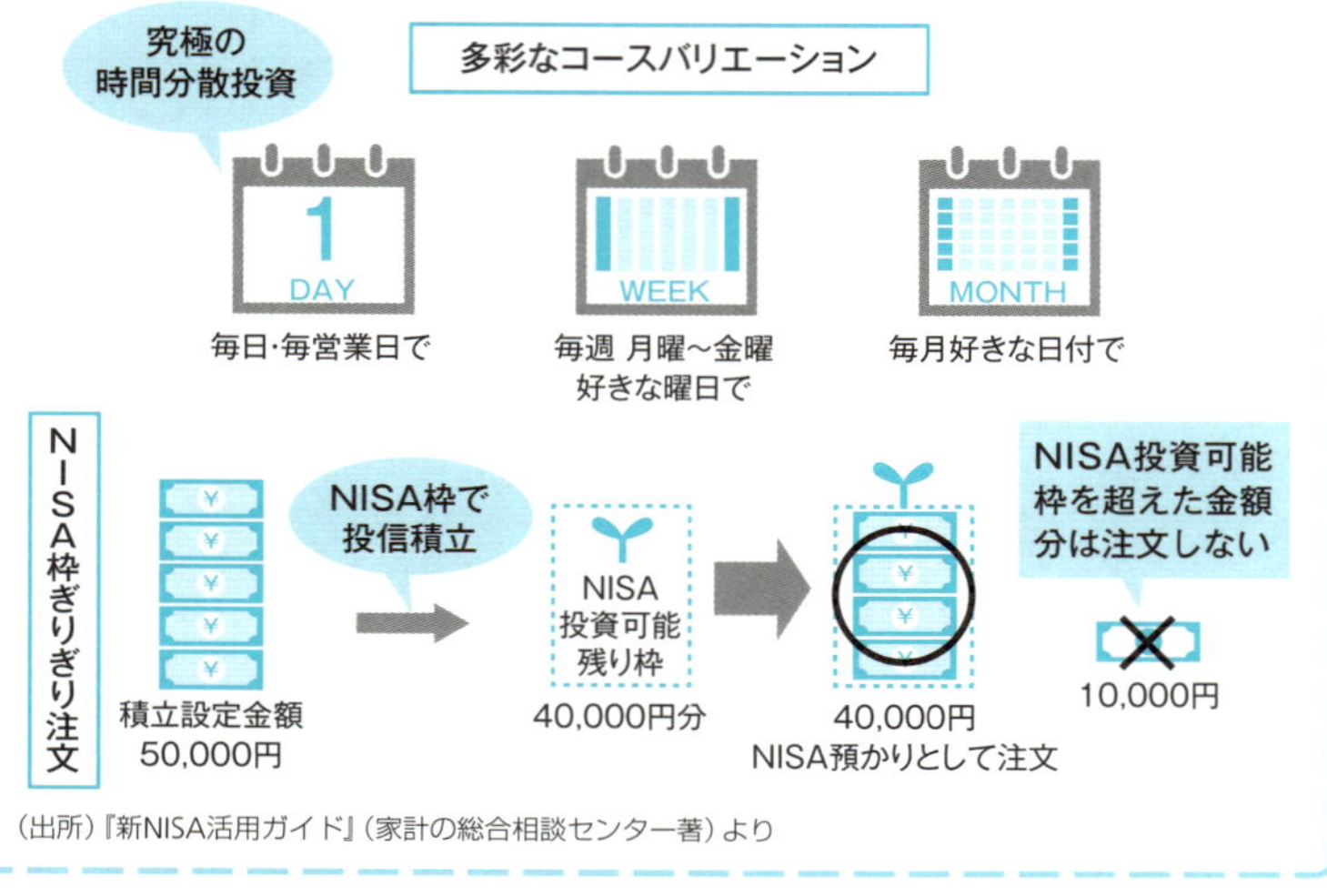

（出所）『新NISA活用ガイド』（家計の総合相談センター著）より

短期間で利益を得たいならNISA コツコツ投資ならつみたてNISA

託にかぎられています。

従来のNISAで対象となる上場株式などは対象外です。また、対象となる投資信託も、一定の基準を満たしたものとなります。

NISAで確実に利益を上げていく方法としては、**低コストの投資信託の積み立てで、できるだけ長期にわたって非課税の恩恵を受ける方法**をおすすめします。

［図表2◆10］のように、一般NISAの枠を2023年まで活用し、その

［図表2◆10］一般NISAフル活用後つみたてNISAへ

	投資額	
2019年	120万円	一般NISA
2020年	120万円	
2021年	120万円	
2022年	120万円	
2023年	120万円	
2024年	40万円	つみたてNISA
2025年	40万円	
2026年	40万円	
2027年	40万円	
2028年	40万円	
2029年	40万円	
2030年	40万円	
2031年	40万円	
2032年	40万円	
2033年	40万円	
2034年	40万円	
2035年	40万円	
2036年	40万円	
2037年	40万円	
累計	1,160万円	

[図表2◆11] ジュニアNISAの流れ

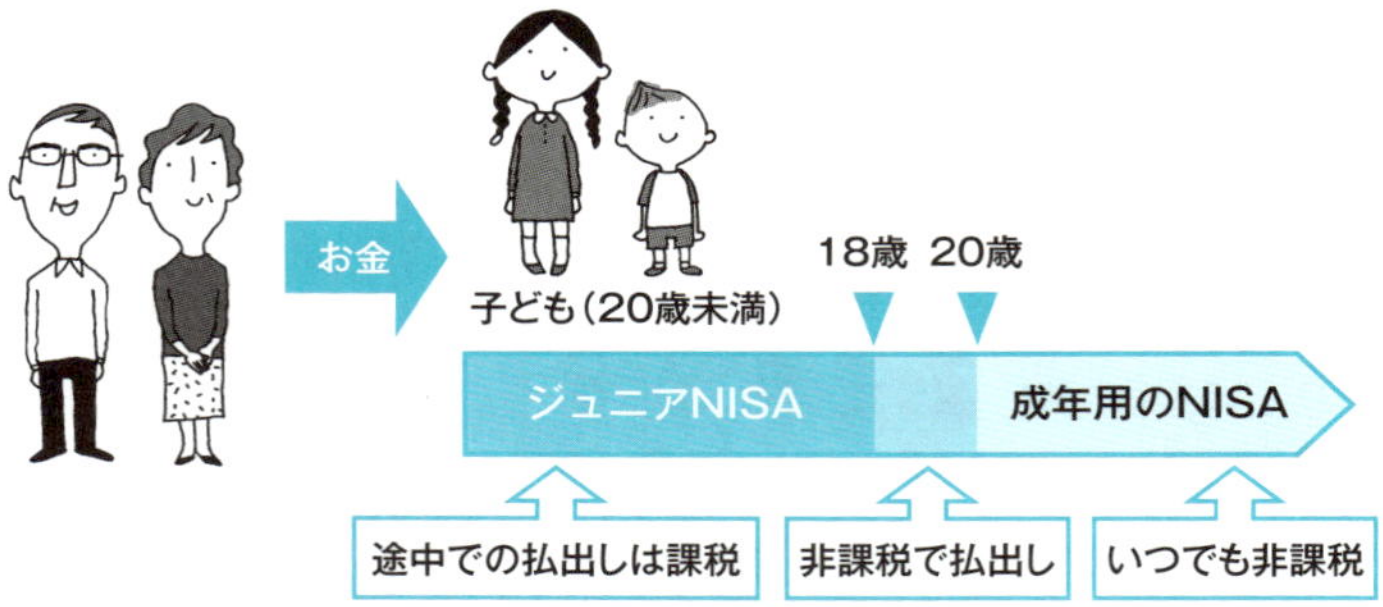

[図表2◆12] ジュニアNISA

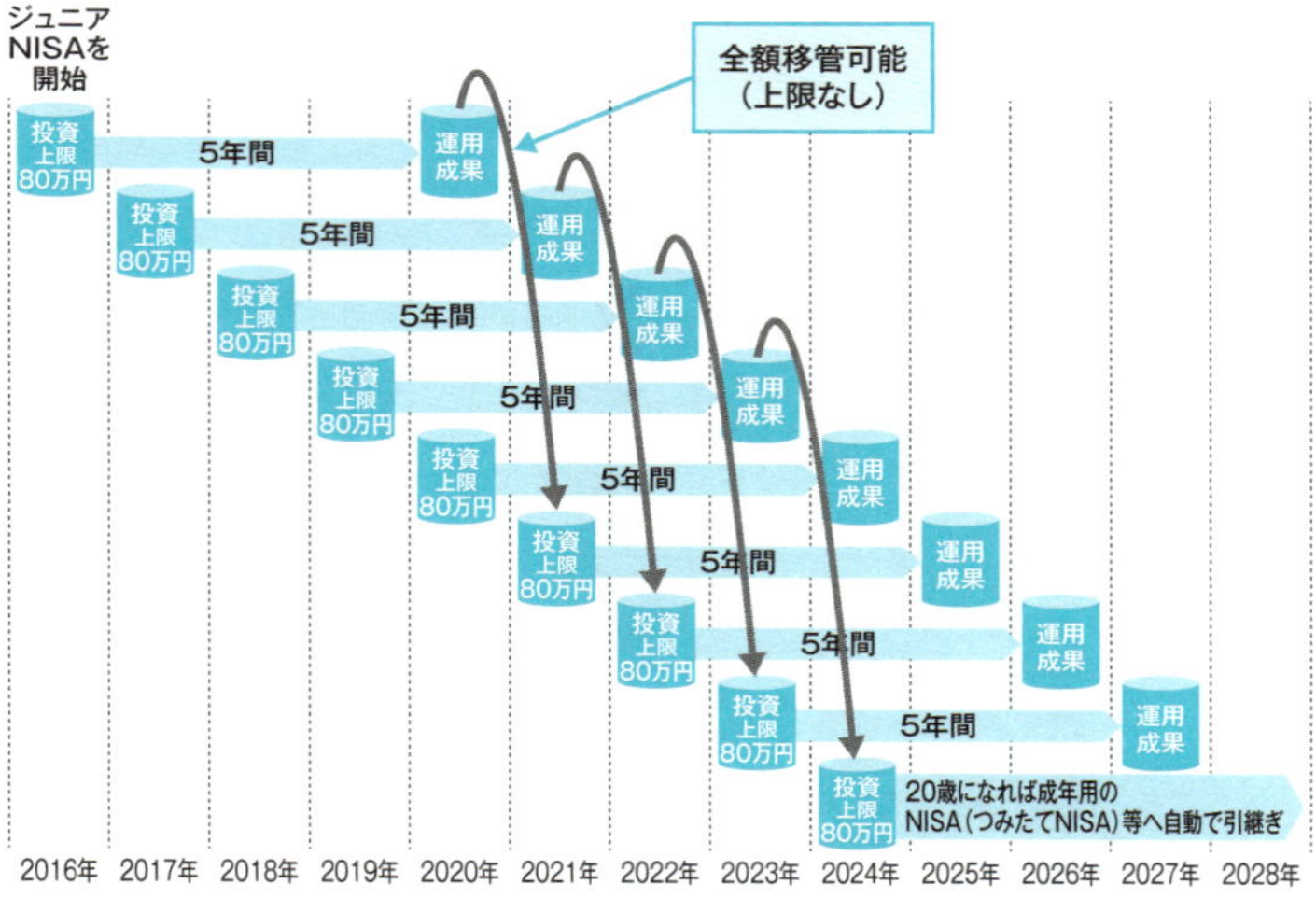

後つみたてＮＩＳＡを活用していけば、２０１９年からでも１１６０万円の枠が活用できます。

２０１６年からジュニアＮＩＳＡがスタートしました。ジュニアＮＩＳＡは０歳の赤ちゃんから活用でき、学資目的ではじめている家庭も増えています。年間80万円、５年間で４００万円まで活用できますので、元本だけでもちょうど私立の大学の４年分を確保できます。国内債券ファンドから外国株式ファンドまで幅広い商品から選べます。

18歳までは非課税で運用できますし、途中での払出しは通常の課税になるだけですので、気軽にはじめられます。

子どもの学費は学資保険でまかなうというご家庭も多いですが、学資保険は保障も兼ねているため、利回りは低くなりがちです。

ジュニアＮＩＳＡを組み合わせれば、より賢く学費の準備をすることができます。

ＮＩＳＡよりも歴史が長く対象者が拡大した確定拠出年金の税制優遇メリット

ＮＩＳＡのブームとともに、再度脚光を浴びている制度があります。

それは**「確定拠出年金（DC）」**です。

確定拠出年金があらためて注目を浴びることとなった背景には、2017年から、それまで加入者となることができなかった**公務員や専業主婦（国民年金の第3号被保険者）なども加入できるようになった制度改正**もありました。

確定拠出年金は2001年からはじまった制度ですが、導入している企業に勤めている人たち以外には、あまり普及が進んでいませんでした。また、勤務先で加入していても、活用の仕方が不十分な人が多いのも実情でした。これは非常にもったいない状況といえます。

NISAがヒットした理由のひとつは、運用益に課税されないという税制優遇を受けられる点にあります。その観点でいえば、**確定拠出年金のほうがはるかにメリットのある制度**です［**図表2◆13**］。

なぜなら確定拠出年金は、**①お金を積み立てるとき、②運用中、そして③受け取るとき**と、三段階で税制優遇を受けることができるからです［図表2◆14］。

その長所が、NISAの登場でようやく見直されているのです。ただ、NISAにくらべて制度が少々複雑なので、少しだけ勉強が必要です。

確定拠出年金には、**「企業型」**と**「個人型」**があり、**個人型は「iDeCo（イデコ）」という愛称**で呼ばれています。

[図表2◆13] 確定拠出年金とNISAを比較！

		確定拠出年金		NISA（つみたてNISA）
		企業型	個人型	
対象となる商品		主に預金、保険、投資信託		株式投資信託、外国籍株式投資信託、上場株式、外国上場株式、国内ETF、海外ETF、上場REIT（つみたてNISAは一定の条件を満たしたETF、投資信託のみ）
年間投資額の上限		・他の企業年金がある：33万円 ・他の企業年金がない：66万円	自営業：81万6,000円 公務員：14万4,000円 専業主婦（夫）：27万6,000円 会社員（企業年金なし）：27万6,000円 会社員（企業年金あり）： 企業型DCのみある→24万円 企業型DC以外もある→14万4,000円	120万円（つみたてNISAは40万円）
税金の優遇	投資するとき	自分が出した掛金は全額「所得控除」	掛金は全額「所得控除」	なし
税金の優遇	運用時	売却益非課税*1		売却時、配当、分配金は非課税
税金の優遇	受取時	退職所得控除・公的年金等控除の税制優遇あり		
金融商品の預け替えリバランス		できる		できない
売却した枠の再利用		できる		できない
他の口座との損益通算		できない		できない
引き出し		原則60歳まで引き出し不可		いつでも可能
利用できる人		20歳以上60歳まで*2		20歳以上の居住者

＊1 特別法人税の1.173%は2020年3月31日まで凍結されている。
＊2 拠出に係る年齢制限。69歳11ヵ月までは運用継続可能。

ミニポイント30

老後に備えるなら「確定拠出年金」ほどお得な制度はありません

年間投資額の上限も、加入者の属性ごとに細かく決められています。

また、確定拠出年金は年金制度のひとつですので、**原則60歳まで引き出すことができません**。

こうしたポイントを押さえて上手に利用すれば、税制優遇制度の恩恵をフルに受けながら将来に備えることができる心強い制度です。

これを機に、確定拠出年金についての理解を深めておくことは、決して無駄にはなりません。

次項では、確定拠出年金の「企業型」と「個人型」のちがいについて説明していきます。

［図表2◆14］確定拠出年金の税制上のメリット

	メリット1	メリット2	メリット3
	拠出時（掛金）	運用時	給付時
	積み立てるとき	運用しているとき	将来受け取るとき
企業型確定拠出年金	会社の掛金は全額損金 マッチング掛金は全額所得控除	運用益等は非課税	1. 年金受給は公的年金等控除 2. 一時金で受け取っても「退職所得控除」が使える
個人型確定拠出年金	全額所得控除		

「企業型」と「個人型」あなたが利用できる確定拠出年金はどれ？

確定拠出年金には、「企業型」と「個人型」とがあります。どのようなちがいがあり、どんな人が利用できるのでしょうか？

まず**「企業型」**の確定拠出年金ですが、**加入できるのは確定拠出年金制度を導入している企業に勤めている会社員**です。加入申し込みはそれぞれの勤務先ですることになります。

「私の勤務先は確定拠出年金を導入していない」という人は、**会社員でも「個人型」に加入することができます**。

「個人型」の確定拠出年金に加入できるのは、勤務先が確定拠出年金を導入していない会社員のほか、**企業型と同時並行で個人型にも加入することを規約で認めている会社の社員、公務員、自営業、フリーランス、専業主婦**などです。

ただし、国民年金の保険料を納めていない人は利用できません。

加入申し込みは、確定拠出年金を取り扱っている銀行や証券会社などの金融機関で行います。

年間投資額（掛金）の上限ですが、**「企業型」**では、**確定拠出年金以外に企業年金制度が**

ない場合は66万円、ほかに企業年金制度がある場合は33万円となります。

「個人型」は、**自営業・フリーランスは81万6000円、公務員は14万4000円、専業主婦（夫）は27万6000円**です。

会社員は勤めている会社に企業型確定拠出年金や、その他の企業年金があるかないかで異なります。

「企業型」は、会社のルールで加入者の掛金額が決まっていることが多いため、選択制としている会社を除き、自分で額を決めることはできません。

一方、「個人型」は上限額の範囲内であれば、掛金額も自分でコントロールすることが可能です。掛金は、無理のない範囲で設定しましょう。

ミニポイント㉛

会社を通して加入するのが「企業型」自分で加入するのが「個人型」

[図表2◆15]「企業型」と「個人型」では利用できる人がちがう

	企業型確定拠出年金	個人型確定拠出年金
加入できる人	加入できる確定拠出年金制度がある会社員（国民年金第2号被保険者）	自営業者等（国民年金の保険料免除者除く、国民年金第1号被保険者） 会社員※・公務員（国民年金第2号被保険者） 専業主婦（夫）（国民年金第3号被保険者）
申込先	勤務先	銀行・証券会社など（確定拠出年金取扱い金融機関）

※企業型確定拠出年金の加入者となっている場合は、個人型にも同時加入可能と規約に定めがある場合のみ。

リスクが強調される確定拠出年金だが預貯金など安全なものも選べる

確定拠出年金をわかりやすくいえば、**「老後の生活資金を準備するための制度」**です。

少子高齢化が進み、今後は公的年金の受給水準がいまより下がっていくことが想定されるなか、自分自身で老後資金を貯めていくことの重要性が増しています。**自分で老後資金を準備することを国が応援する**ために、税制優遇のメリットがある制度が用意されたのです［**図表2◆16**］。

「企業型」の確定拠出年金には、別の側面もあります。

会社員は、定年退職時に「退職一時金（いわゆる退職金）」、さらに企業年金制度がある企業は、その後「企業年金」を受け取ることができます。

この企業年金は従来、受け取る額が確定している「確定給付型」でした。

つまり、企業は従業員に、あらかじめ決まった額の年金を支払わなければならないというわけです。

ところが、低成長時代となり、年金資金の運用が難しくなると、企業にとって年金制度を維持することが大きな負担になってきました。なかには、年金資金が捻出できず、倒産

[図表2◆16] 自分で老後資金を確保する確定拠出年金

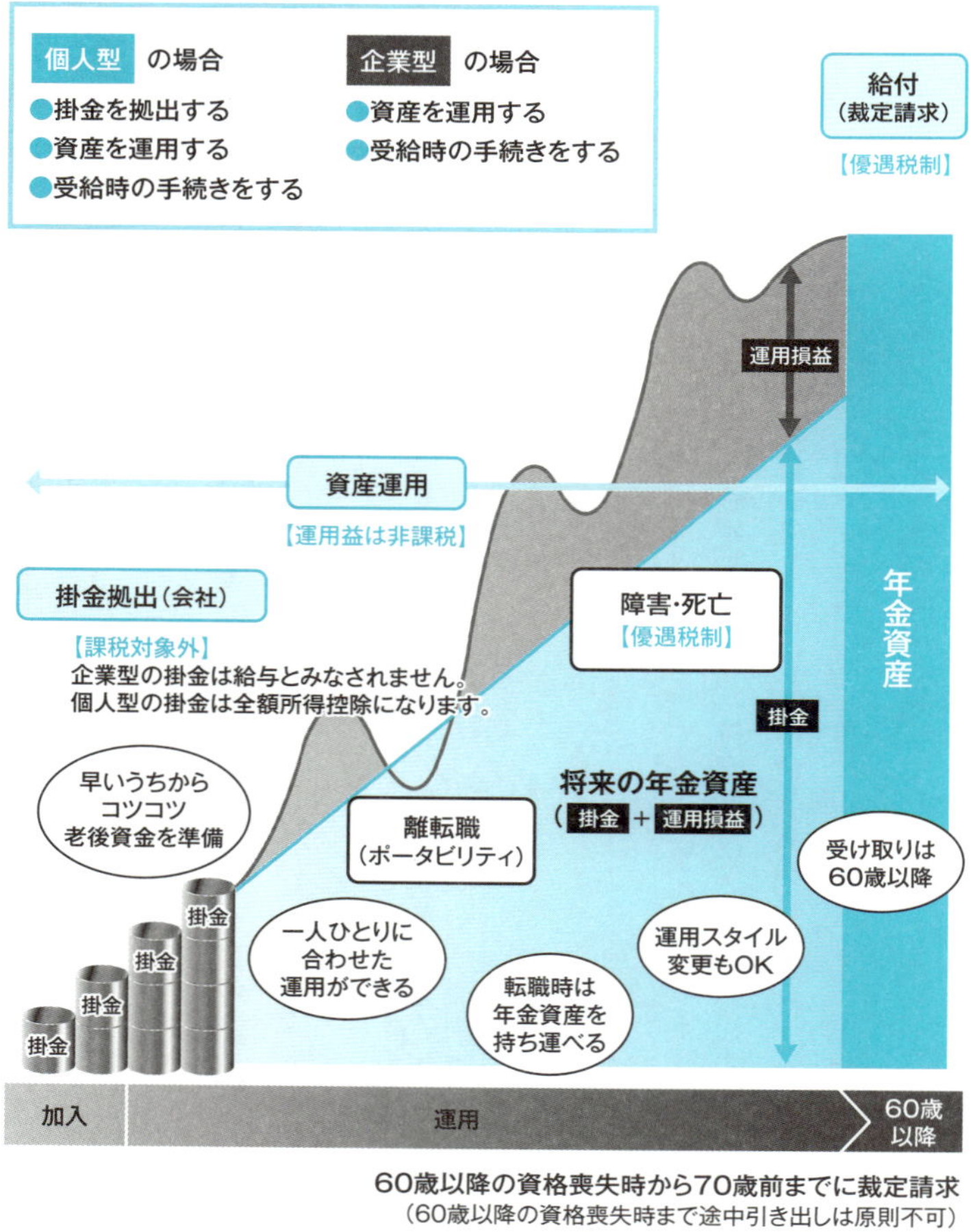

する企業まで出てくるようになったのです。

そこで登場したのが、**企業が決まった額の掛金を用意し、社員が各自の判断でその資金を運用する「確定拠出型」の企業年金**です。

2001年の導入当初、その仕組みから、「会社が運用リスクを社員に押しつける制度」というイメージで、受け止められました。

「会社員みんなが強制的に株式投資をしなければならない時代になった。アメリカでは株で大損して退職後の年金をフイにしてしまった人がたくさんいる」などといった報道が大量になされ、「確定拠出年金は危ない制度」というイメージが、世の中に定着してしまったのです。

しかしそれは、ずいぶんかたよった見方です。

勤務先が企業年金の負担に耐えきれずに倒産してしまっては元も子もありませんし、制度導入にあたっては、国も税制優遇というメリットを用意しています。

また、確定拠出年金の対象となる商品は非常に幅広いものです。

リスクのある投資信託だけでなく、**定期預金や定期貯金、保険会社の個人年金商品**を利用してもいいのです。

投資信託にしても、**会社が従業員のために優良な商品を選んだり、運用の手数料も一般的に低いものが用意されていたりする**ので、普通に窓口で買うよりもお値打ちなものがた

ミニポイント32

確定拠出年金は怖くない 低リスクの商品もたくさんあります

くさんあります。

そのうえ、**運用収益に対する税金が非課税で、さらに掛金も課税の対象とならない**のですから、そのメリットは計り知れません。

このように、確定拠出年金は「投資リスク」ばかりが強調されてきたため、低リスクの対象商品や大きな節税効果に気づいていない人がまだまだ多いのが現状です。

本書で確定拠出年金についての知識を得て、ぜひこの大きなメリットを享受してください。

[図表2◆17] メリットの多い確定拠出年金

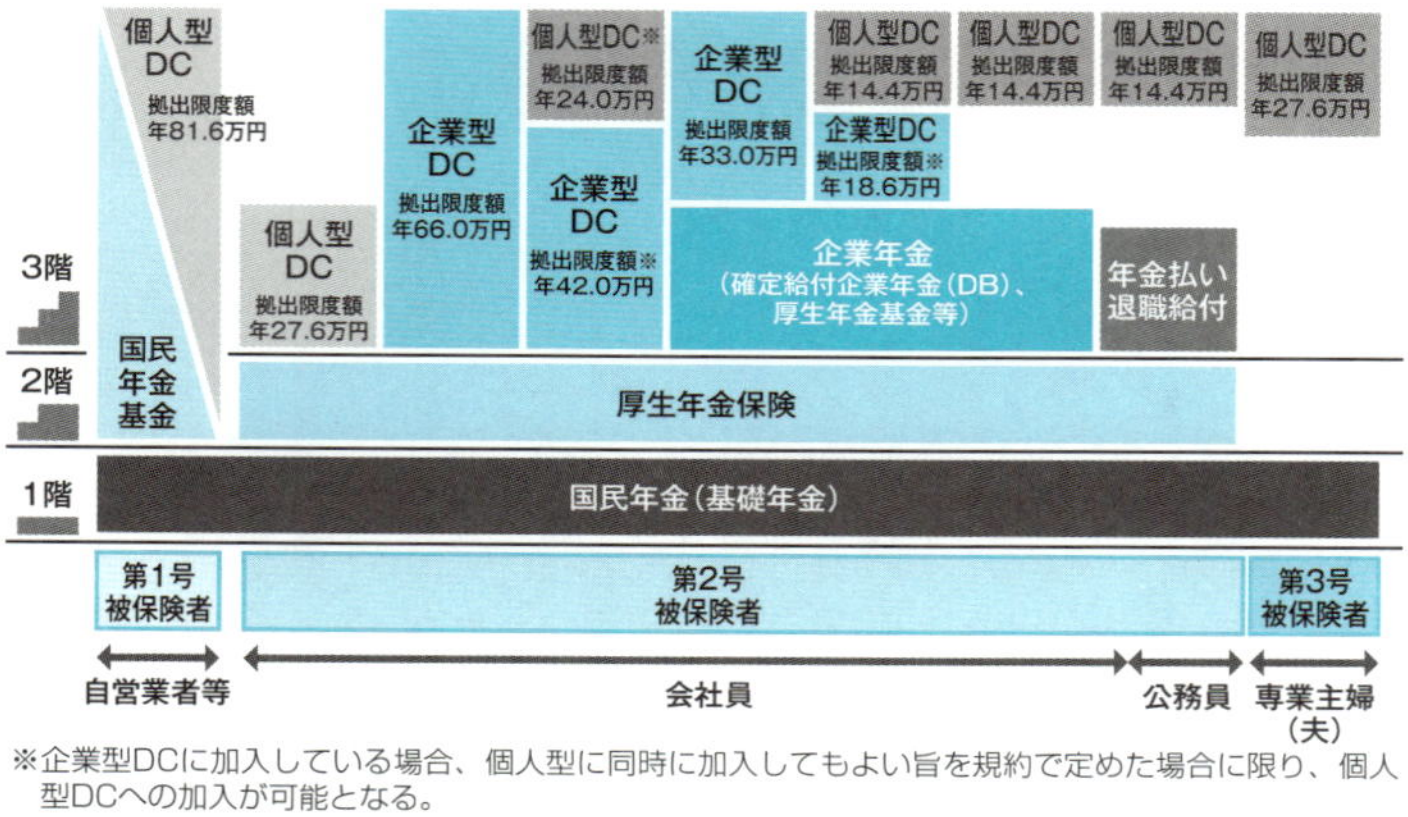

※企業型DCに加入している場合、個人型に同時に加入してもよい旨を規約で定めた場合に限り、個人型DCへの加入が可能となる。

勤務先によって内容がちがう！企業型確定拠出年金

「企業型」の確定拠出年金は、年々右肩上がりで加入者が増えています。

大企業が続々と導入していることもあり、企業型確定拠出年金に加入している人の数は全国で600万人を突破しました［**図表2◆18**］。

ただ、企業型確定拠出年金とひと口にいっても、その内容には会社ごとに特色があります。

たとえば、**掛金額は会社によってちがいます**。

企業型確定拠出年金は、基本的には会社が掛金を拠出し、それぞれの社員が自身の判断で運用するという制度です。掛金額は法律で定められた範囲内で、会社側が労働組合と話し合って決めたりするので、会社ごとにちがってくるのです。

また、退職金制度の一部として確定拠出年金を導入している会社は多くありますが、**退職金制度の100％を確定拠出年金にしている企業もあれば、確定拠出年金は退職金制度の1割だけ、という会社もあります**。

「確定拠出年金は退職金制度の1割だけ」ということは、要するに「残りの9割は会社

ミニポイント33

「企業型」は、会社によって掛金などがちがいます

ミニポイント34

税金や社会保険料が安くなる確定拠出年金使わないと損！

が『確定給付型』や退職一時金などで面倒をみましょう」ということです。

また、退職金制度の一部として確定拠出年金が導入されている企業では**「目標利回り」（想定利回り）**という指標が運用の大きな目安になりますが、これも企業によってちがいがあります。

各企業は、それぞれ確定拠出年金の運用について目標利回りを設定しています。

だいたい**2～3%に設定している企業が多い**ようですが、これは**「この目標を達成できれば、確定拠出年金導入以前と同じ水準の給付額が支払われますよ」**という目安です。

つまり、目標利回りが達成できない

[図表2◆18] 企業型確定拠出年金の加入者数の推移

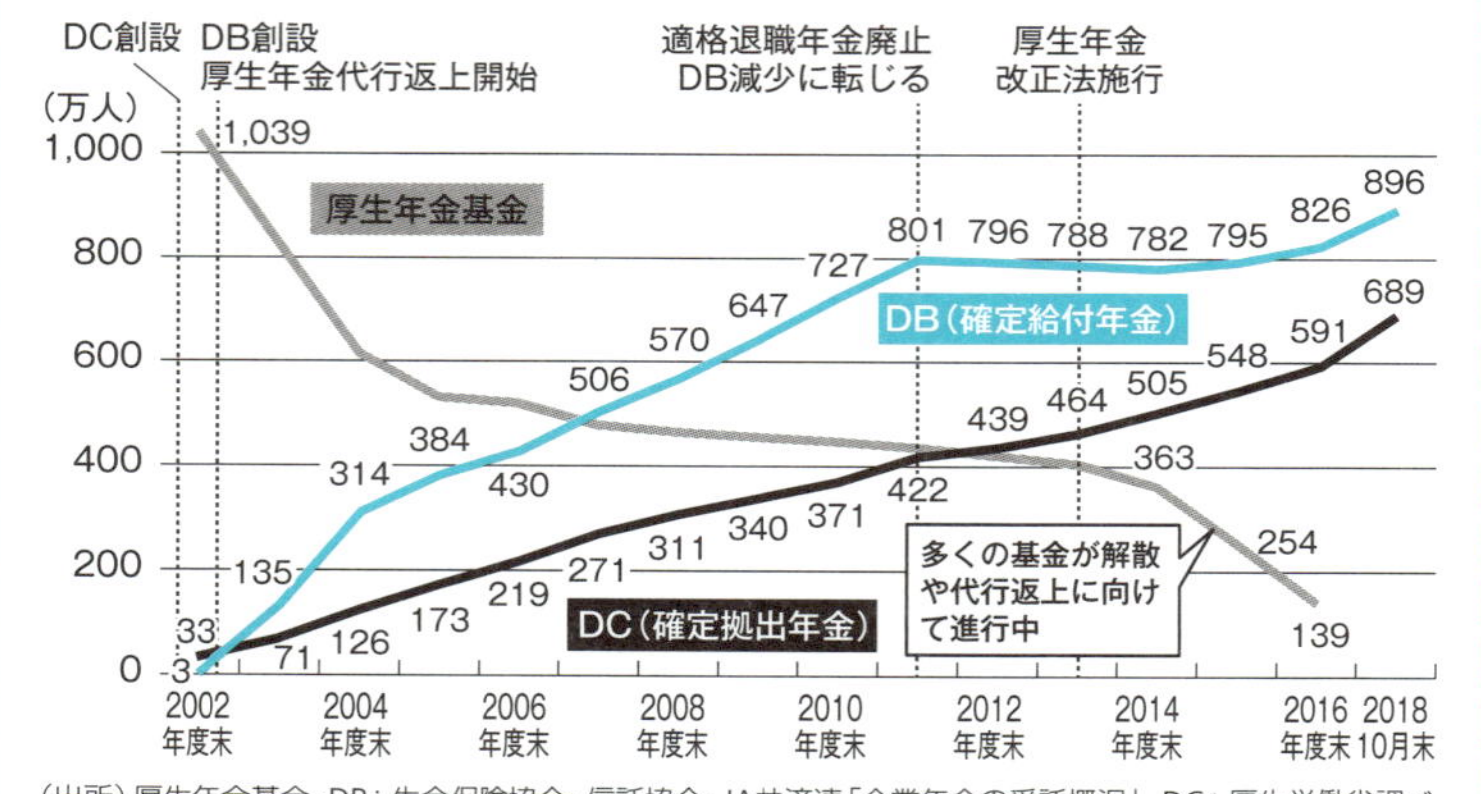

（出所）厚生年金基金・DB：生命保険協会・信託協会・JA共済連「企業年金の受託概況」、DC：厚生労働省調べ

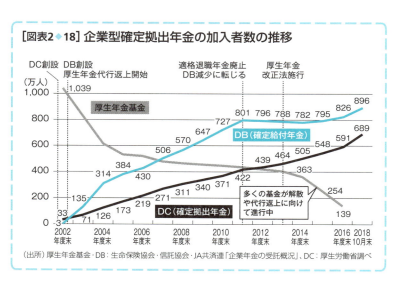

と、会社が想定している退職金額にくらべ、実際の給付額が減ってしまうということです。

一方、目標利回りを0に近い水準に設定し、慎重な運用をしても給付額で社員が損しないよう配慮してくれている企業もあります。

加入者は、運用状況をウェブサイトやコールセンターでいつでも確認できます。そのほか、運用状況が確認できる書類も届けられます。目標利回りよりもいい運用実績を上げていれば、将来の給付額が増えるというわけです。

私たちの会社がライフプランの相談に乗っているお客様のなかには、**年に10％以上のリターンを上げている人**もいます。もちろん上下はありますが、コツコツ積立投資をしていけば、従来の年金制度で受け取れるはずだった金額より、ずっと多くの給付を受けられることもあります。

反対に、投資や運用にあまり熱心でなく、定期預金や債券などでの慎重運用にかたよりすぎると、将来の給付額が想定よりも大きく減ってしまうことになりかねないので、注意が必要です。

選択制の企業型確定拠出年金は加入するべき？

企業型確定拠出年金では、基本的には**会社のルールで積み立てる掛金額が決まっている**と説明しました。しかしなかには、**確定拠出年金に加入するかどうかや、積み立てる掛金額を選択できる**企業もあります。

選択制には「退職金として積み立てるお金を前払いし、そのお金を将来のために確定拠出年金に積み立てるかどうかは社員の選択」や「賞与や給与を再配分して切り分け、切り分けた金額を確定拠出年金の掛金として積み立てるかどうかは社員の選択」というパターンがあります。

どちらの場合でも、確定拠出年金の掛金として積み立てると、**賞与や給与として受け取った場合にかかるはずだった税金や社会保険料がかからない**というメリットがあります。

所得税と住民税を合わせた税率は最低でも約15％、社会保険料は厚生年金保険料だけでも9・15％で健康保険や雇用保険なども合わせると15％近くになります。そのため、実質的な受取額が2～3割近く変わってくることもあるのです。

確定拠出年金を利用せず、老後のために自分で毎月1万円ずつお金を貯めようという場合はどうなるでしょう。

会社があなたに支払うお金は毎月1万円であったとしても、税金や社会保険料が差し引かれますから、賞与や給与で手取りを受け取ったあとでは、7000〜8000円しか貯められません。

対して、**確定拠出年金を選択すれば、1万円をまるまる積み立てることができる**のです。それを考えると、大きなちがいですね。

確定拠出年金は、原則として60歳まで引き出して使うことができません。そのため、確定拠出年金を選ぶことをためらう人も多いようですが、老後資金は「人生の三大資金」のひとつであり、基本的にはすべての人に準備が必要です。

途中で引き出しができないということは、逆に考えれば確実に貯められるということになります。また、**税金や社会保険料が引かれる前の額を貯められる**というのは、非常に大きなメリットです。

ただし、社会保険料の支払いが減るということは、将来受け取る厚生年金の受給額の減少につながることもあるという注意点もあります。

選択制の確定拠出年金が導入されている企業の場合、ウェブサイトなどで自分はどの程度のメリットがあるのかを確認できる資料や、節税額や年金額を試算できるツールが用意されていることもありますので、ぜひ利用してみましょう。

「よくわからないから避ける」のではなく、**「知らないことが理由で損をしない」**ために、勤務先で用意されている制度の内容を確認してみることも必要です。

掛金を上乗せして税制優遇をフルに生かせる「マッチング拠出」

2012年から、企業型確定拠出年金に、自分の給与から掛金を上乗せすることができる**「マッチング拠出」**という新しい仕組みが導入されました。

企業型の確定拠出年金では、掛金は会社側があらかじめ決まった金額を拠出し、それを社員の判断で運用するというのが一般的です。マッチング拠出は、その掛金に**社員が自分のお給料から上乗せできる制度**です。

上乗せできる上限は、会社が設定している掛金と同じ額までで、かつその合計が法令で決まった上限額までとなっています。

一番のメリットは、なんといっても**上乗せした掛金が全額所得控除になる**ということです。お金に余裕のある人は、マッチング拠出で将来の備えを厚くすると同時に、毎年の所得税を大幅に減らすことができるというわけです。

また、マッチング拠出の**掛金は途中変更が可能で、ライフプランの変更に合わせて柔軟に活用できる設計になっている**のもうれしい点です。

子どもの大学進学など、お金がかかるときには上乗せを一時的にストップして、大学卒業後に余裕が出てきたら、また再開することができます。

ただ、すべての会社がマッチング拠出を導入しているわけではありません。まずは担当部署に確認してみてください。

というのも、勤務先がマッチング拠出を導入しているかどうか、社員が気づいていないケースが実に多いのです。

ミニポイント㉟

すでに企業型に加入している人もマッチング拠出の有無を確認しましょう

[図表2◆19] マッチング拠出のメリット

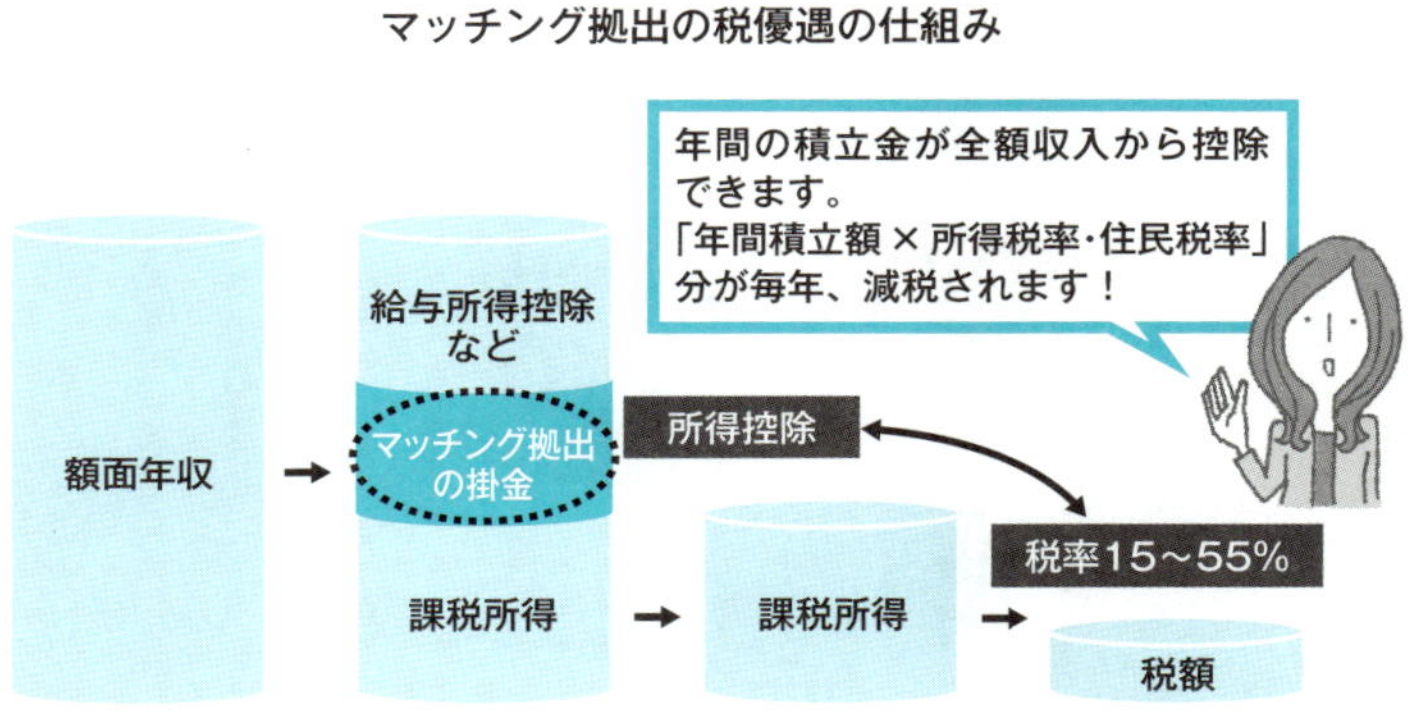

※2013年～2037年についてはこのほかに復興特別所得税として各年の所得税額に対して2.1%が課税されます。

福利厚生に熱心な会社は、「せっかくいい制度がはじまったから」と説明会を開催して、そのメリットを広く告知したりしてくれますが、社内報でサラッと報告するだけという会社もあるようです。

マッチング拠出に関心を持ったら、まずは勤務先に問い合わせてみましょう。

支払う税金を減らせるマッチング拠出で驚きの節税効果に！

マッチング拠出による所得控除で、支払う税金を減らすことができます。

これは見方を変えると**「マッチング拠出を利用することで、高い利回りで運用しているのと同じような効果が得られる」**という状態です。

いきなりそんなことをいわれても、ピンとこない人が多いと思います。例を挙げて説明してみましょう。

そもそも、会社員の所得税や住民税は、どう計算されているのでしょうか。

年収から給与所得控除や**基礎控除、配偶者控除などの各種の所得控除**を差し引いた金額が**「課税所得」**となり、その「課税所得」に、それぞれの税率（所得額に応じた所得税率と10％の住民税率）をかけた額となります。

マッチング拠出を利用して掛金を拠出した場合、**その掛金の額も全額所得控除として、収入から差し引く**ことができます。

たとえばあなたが、会社が設定した確定拠出年金の掛金に加えて、マッチングで自分の給与から年間20万円を上乗せしたとします。すると、この20万円が所得税、住民税を計算する際に控除されるのです。

もし、マッチング拠出を利用しなければ、この20万円も課税所得

[図表2◆20] 源泉徴収票から税率を確認する

平成　　年分　給与所得の源泉徴収票

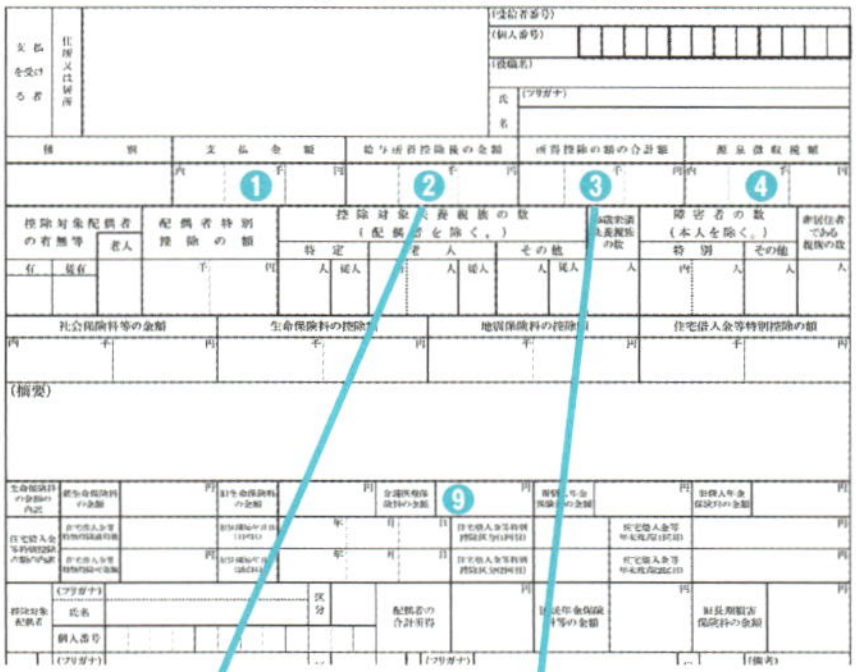

税率表

課税所得金額	所得税率＋住民税率
195万円以下	15%
195万円超 330万円以下	20%
330万円超 695万円以下	30%
695万円超 900万円以下	33%
900万円超 1,800万円以下	43%
1,800万円超 4,000万円以下	50%
4,000万円超	55%

❷給与所得控除後の金額 － ❸所得控除の額の合計額 ＝ A.

Aの額を税率表に当てはめると
↓
%

ミニポイント㊱

節税効果を利回りに換算すると預金や投資以上の大きなパワーに！

として扱われますから、20万円に税率をかけた分だけ納税額が増えていたことになります。

つまり、マッチング拠出の控除を受けることによって、「20万円×自身の所得税率・住民税率」の分だけ、税金が戻ってくるのです。

所得税率は、課税所得の額が増えるにしたがって5%、10%、20%、23%、33%、40%、45%と上がっていきます。一方、住民税率は一律10%です。

この2つを合わせた税率、つまり**上乗せ分に所得税率（5～45%）と住民税率（10%）をかけたものが、そのままマッチング拠出のメリットになる**ということです。自分の税率がよくわからないという場合は、源泉徴収票を確認し

［図表2◆21］税制優遇の効果は毎年続く

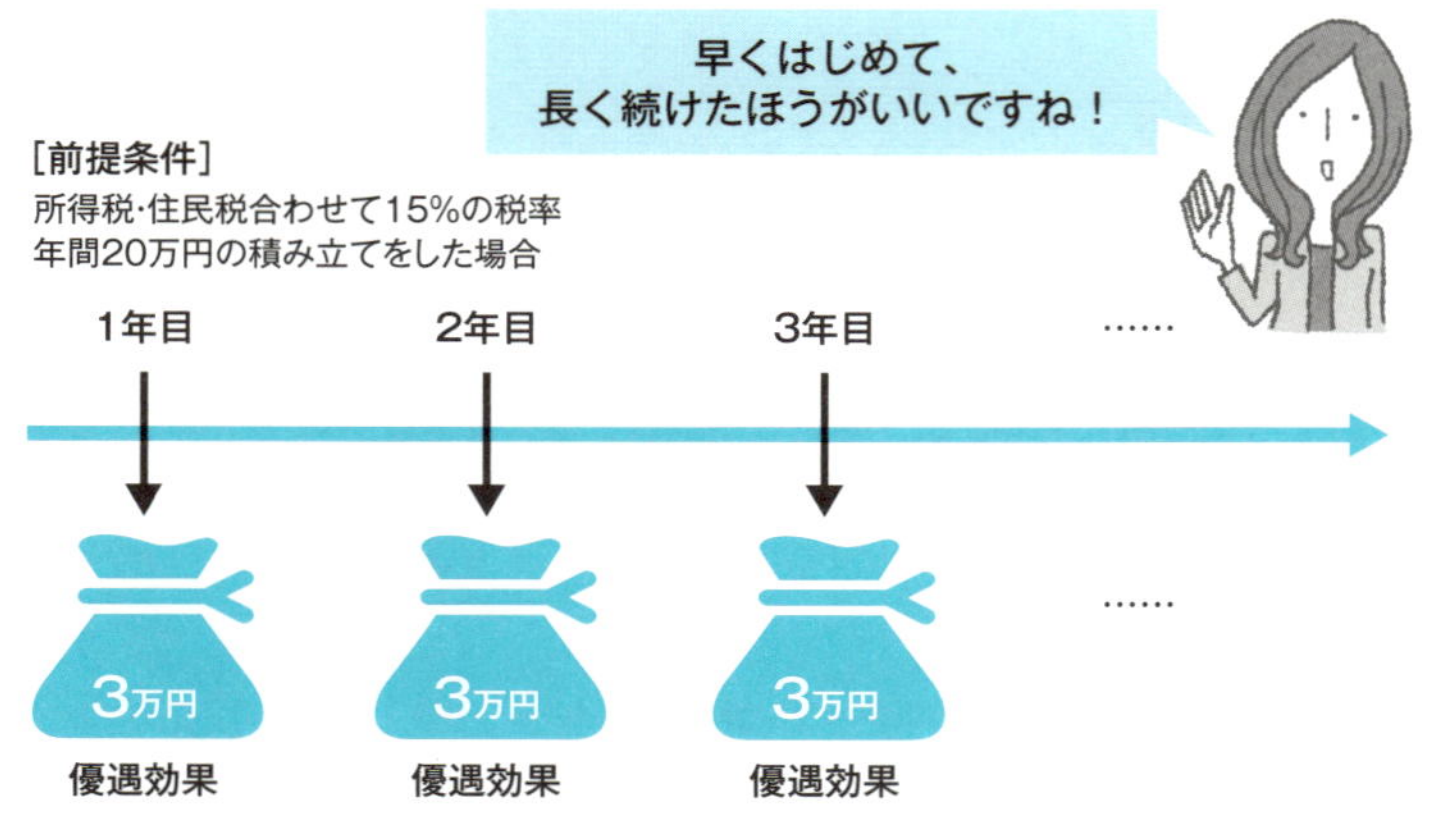

てください。［図表2◆20］に照らし合わせれば、おおよそわかります。

課税所得額の合計が195万円以下のもっとも税率が低い人でも、所得税・住民税の税率は15％にもなります。年間20万円をマッチング拠出の掛金として積み立てた場合、年間で3万円（20万円×15％＝3万円）も自分が納める税金が少なくすむことになるのです。20万円を預けて確実に3万円の収益になると考えてみると、これほど利回りのいい金融商品はまずありません。

もっとも課税所得が多い4000万円超の人なら、55％です。定期預金の金利が0・01％程度の時代に、これはすごい数字です。

しかもその効果は毎年続くわけですから、**なるべく早くはじめて、長く続けることが、上手にお金を蓄えるコツ**といえます［図表2◆21］。

あまりPRされてこなかった「個人型」が「iDeCo」として進化！

大企業が次々に導入を決め、加入者が増えている「企業型」の確定拠出年金にくらべ、「個人型」は、残念ながらこれまであまり普及していませんでした。

２００１年10月に確定拠出年金法が施行されてから、「個人型」の加入者数は２０１６年ごろまで伸び悩んでいました。

当初の「個人型」は利用できる人が限定されていたため、金融機関が積極的にＰＲしてこなかったことも背景にあります。これは**自営業者やフリーランスにとって、本当にもったいない状況**でした。

転機は２０１６年の法改正です。これまで利用できなかった公務員などにも利用対象を拡大するほか、制度内容を次々に見直しはじめたのです。

そして**２０１７年１月から、20歳以上60歳未満のほぼすべての人が「個人型」を利用できるようになりました**。

その際、「個人型」の愛称が**「ｉＤｅＣｏ（イデコ）」**と決まり、**税制優遇を活用して効率的に老後資金を貯めることができる代表的な仕組み**として、あらためて幅広く注目を浴びることになったのです（以下、「個人型確定拠出年金」をｉＤｅＣｏと記載）。

法改正の内容は、２０１８年度も順次施行され、ｉＤｅＣｏの進化は続いています［**図表２◆22**］。

１月には掛金の積立方法が月単位から年単位になり、拠出限度額以内で年１回以上投資すればよいことになりました。たとえば月１万円、ボーナス時に余裕があれば限度額まで

ミニポイント37

専業主婦や公務員、会社員（例外あり）もiDeCoに加入できます

掛金を増額するといった柔軟な設定も可能です。

また、5月には、従業員が100人以下で、企業年金がない中小企業に勤める従業員の老後資金の支援を目的とした**「中小事業主掛金納付制度（愛称「iDeCo＋」（イデコプラス）」**が新設されました。

これは、iDeCoに加入している従業員に対して、勤務先である事業主が掛金をプラスして支払うことができる仕組みです。

このような改正により、iDeCoの利便性はさらに高まりました。加入者は2018年12月現在、約112万人となり、100万人を突破しました「**図表2◆23**」。

［図表2◆22］個人型（iDeCo）に加入できる人が拡大！（2017年1月）

自営業者 学生等（第1号被保険者）
専業主婦（夫）等（第3号被保険者）
サラリーマン等（第2号被保険者）
※企業型DC加入者は、企業型年金規約でiDeCoに加入できることを定めている場合に限る。
公務員等（第2号被保険者）

約6,700万人が対象

他の、おもな改正内容は……

◆掛金の規制を、月単位から年単位に変更
ボーナス時にまとめて拠出することもできるようになり、拠出方法の選択肢が広がった。（2018年1月）

◆iDeCo＋（中小事業主掛金納付制度）
中小企業（従業員100人以下）を対象に、iDeCoに加入している従業員に、事業主が掛金を追加拠出できるようになった。（2018年5月）

◆年金資産のポータビリティを拡充
中途退職した際に、「個人型」「企業型」間の持ち運び（ポータビリティ）に加え、DB等への持ち運びも可能になった。（2018年5月）

[図表2◆23] 個人型確定拠出年金（iDeCo）の加入者数の推移

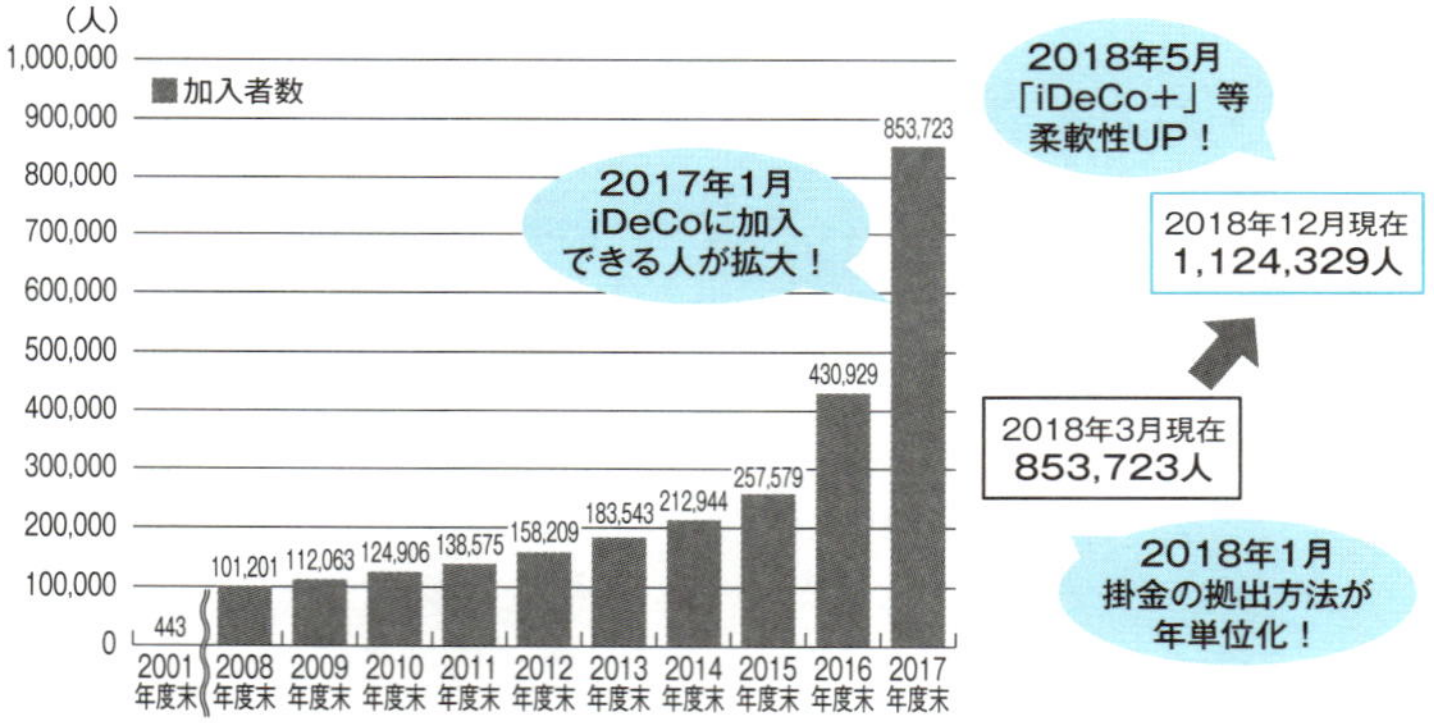

（出所）国民年金基金連合会HP
「iDeCoの制度の概況（平成30年3月）」より

（出所）国民年金基金連合会HP
「業務状況」より

[図表2◆24]「iDeCoの公式サイト」にアクセスしよう！

https://www.ideco-koushiki.jp/
制度やメリット・デメリット、管理料や加入手続きなどを確認できる

（出所）国民年金基金連合会HPより

iDeCoを利用するためには、自分で口座開設の申請をしなければなりません。通常は郵便局や銀行、証券会社等の窓口に申請しますが、「iDeCo（または確定拠出年金）コーナー」という窓口が設けられているところはまだ多くありません。その場合は、窓口でiDeCoの取り扱いがあるかどうかを尋ねてみましょう。

ぜひ提案したいのが、**ネット証券やネット銀行の利用**です。インターネットでの申し込みが必要になりますが、口座管理料を安く抑えて、コストダウンを徹底させることができます。

国民年金基金連合会の**「iDeCo公式サイト（https://www.ideco-koushiki.jp/）」**では、iDeCoに加入できる金融機関を調べることができます［図表2◆24］。

金融機関ごとに、その特徴、取り扱う商品、加入時や毎月の口座管理等にかかる手数料などが異なるので、iDeCo加入の際は、しっかりと比較しましょう。

個人型確定拠出年金（iDeCo）はいくらまで加入できる？

掛金が全額所得控除の対象となる「個人型確定拠出年金（iDeCo）」ですが、掛金の

ミニポイント38

iDeCoは属性によって掛金の上限が変わります

上限額はいくらでしょうか。

・**自営業者やフリーランス（国民年金の第1号被保険者）**
月額6万8000円（年額81万6000円）まで

・**会社員・公務員など（国民年金の第2号被保険者）**
勤務先に企業型確定拠出年金、企業年金等があるかどうかなどによって変わるが、**月額1万2000円（年額14万4000円）～月額2万3000円（年額27万6000円）まで**

・**専業主婦（夫）（国民年金の第3号被保険者）**
月額2万3000円（年額27万6000円）まで

［図表2◆25］iDeCo利用による税制優遇の効果

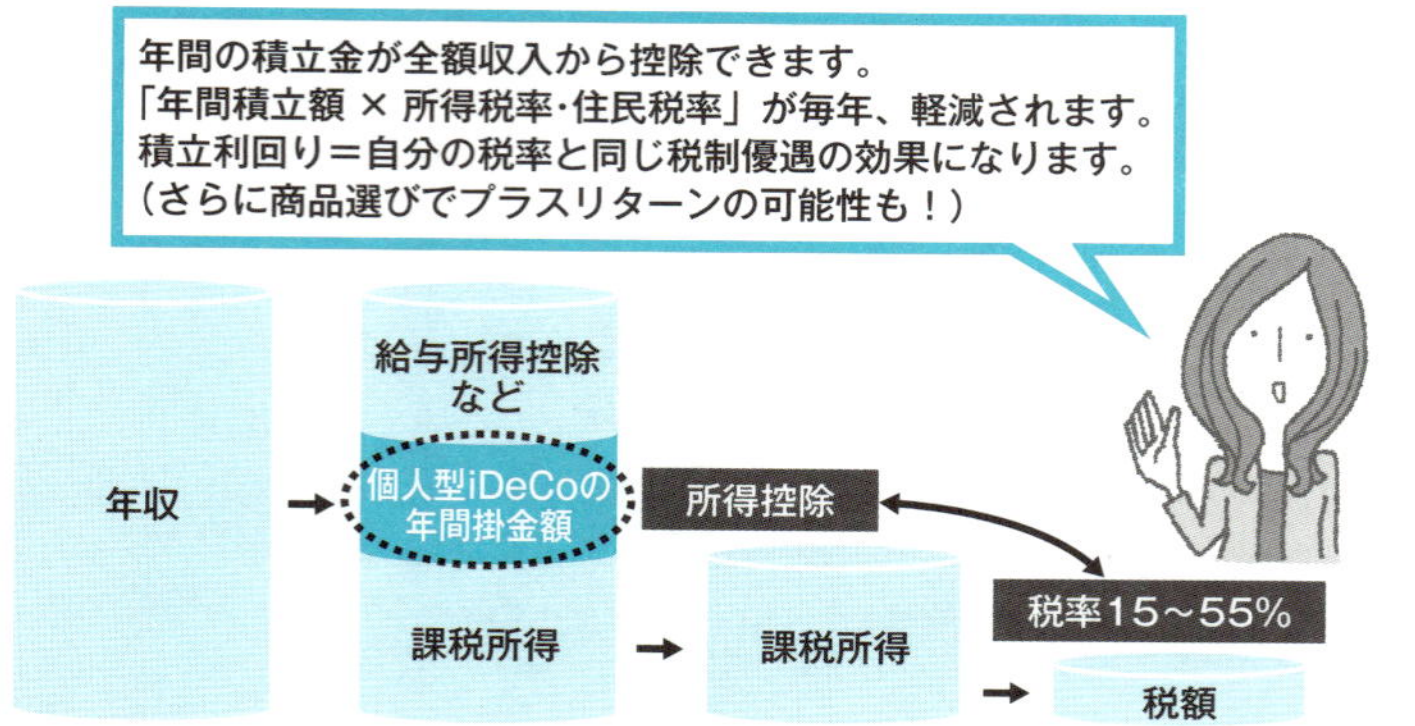
年間の積立金が全額収入から控除できます。
「年間積立額 × 所得税率・住民税率」が毎年、軽減されます。
積立利回り＝自分の税率と同じ税制優遇の効果になります。
（さらに商品選びでプラスリターンの可能性も！）
年収
給与所得控除など
個人型iDeCoの年間掛金額
課税所得
所得控除
課税所得
税率15～55%
税額

※2013年～2037年についてはこのほかに復興特別所得税として各年の所得税額に対して2.1%が課税される。

[図表2◆26] 個人型（iDeCo）でいくらまで加入できる？

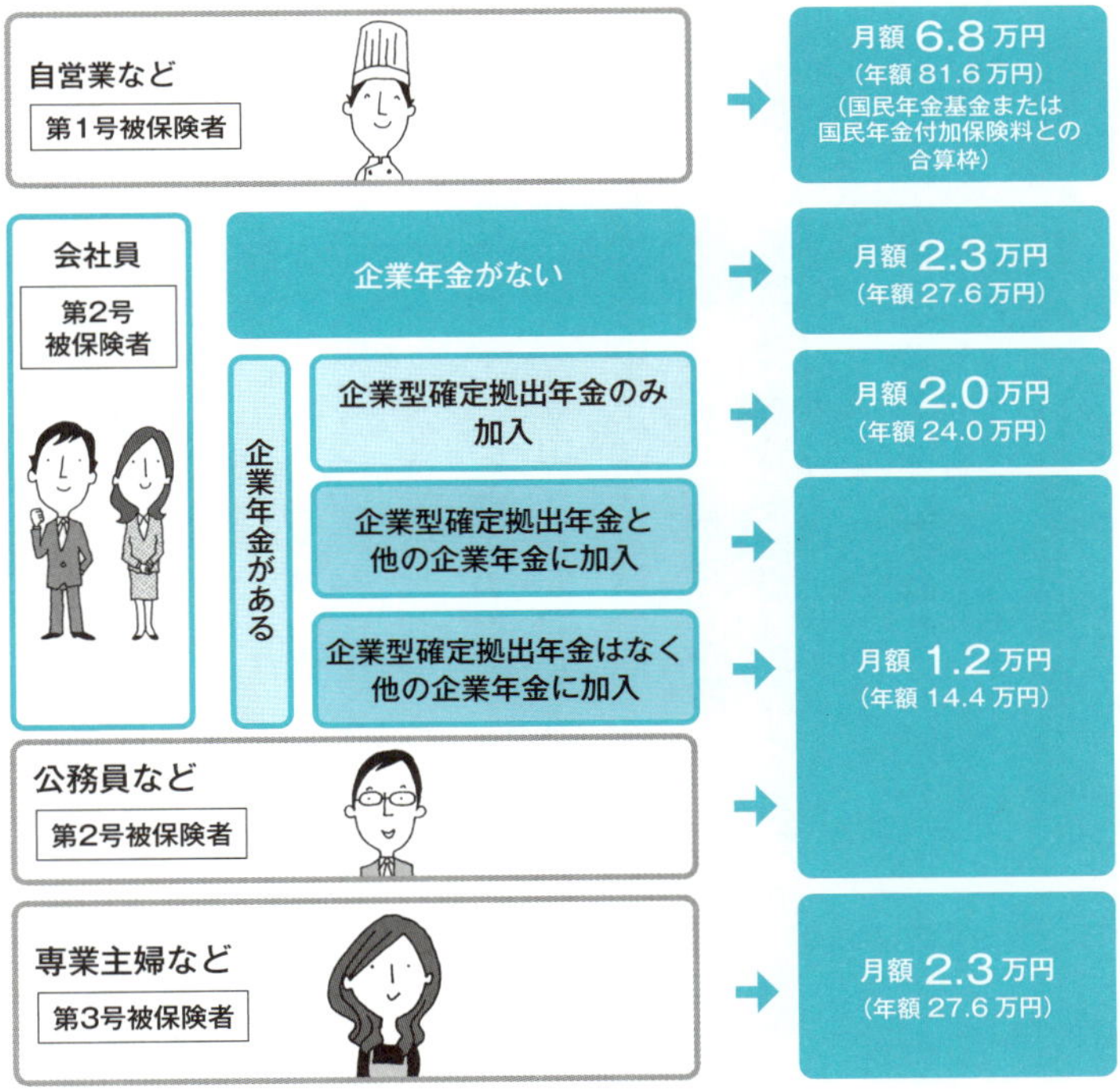

■掛金額……………………5,000円以上1,000円単位で設定（掛金上限額は、上記で確認）。

■掛金の変更………………年1回、変更できる（再開・中断も可）。

■掛金は全額所得控除……掛金は全額所得控除（小規模企業共済等掛金控除）の対象となり、所得税、住民税が軽減される。毎年10月ごろに「掛金払込証明書」が送付されるので、確定申告や年末調整で所得控除を受ける際に、添付して申請手続きを行う。

ミニポイント 39

iDeCoは限度額以内であれば年に一度の掛金額変更もOK

いずれも、5000円以上1000円単位で設定できます。

このようにiDeCoは、職業や勤務先の年金制度によって、掛金の上限額が異なります。**[図2◆26]**で、自分の上限額を確認してみましょう。

前項で説明したように、拠出限度額以内であれば、ボーナス時に掛金を増額したり、特定月にまとめて投資したりするなど、ライフスタイルに合わせて柔軟に設定することも可能です。

掛金の額は、**年に1回までなら変更も可能**です。

iDeCo加入者には、毎年10月ごろ**「掛金払込証明書」**が届けられます。

それを**自営業者は確定申告の際に税務署に、会社員は年末調整の際に勤務先に忘れずに提出してください**。iDeCoの年間掛金額（年間の積立額）がまるごと所得控除になるので、掛金額にみなさんの税率をかけた金額が、そのまま実質的な積立利回りになる税制優遇の効果が得られます。

もちろん、確定拠出年金で投資した商品に利回り（運用益など）が出れば、税制優遇の効果以上にリターンが期待できることになります。

個人型確定拠出年金（iDeCo）で大きな差がつく老後の生活資金

「個人型確定拠出年金（iDeCo）」を利用した人とそうでない人のマネープランは、どれくらい差がつくのでしょうか。

30歳のAさん、Bさん、Cさんを例に、簡単にシミュレートしたのが「**図表2◆27**」です。

Aさんは、毎月2万3000円をコツコツと定期預金で積み立てていきました。

一方、Bさんは、iDeCoを利用したのですが、「株式投資は怖いから」という理由で、Aさんと同様に毎月2万3000円を安全な預金で積み立てていきました。Aさんとのちがいは、iDeCoの口座を利用したことだけです。

Cさんは「せっかくiDeCoをはじめるのだから、しっかり商品を調べて勉強しよう」と考え、分散投資型の投資信託を選びました。積立額はAさん、Bさんと同様に2万3000円です。

3人が60歳となった30年後、それぞれが積み立てた**元本の総額は828万円**になりましたが、老後資金（運用結果）はそれぞれいくらになるでしょうか。

通常の積立預金をしたAさんは、**約830万円**。

[図表2◆27] 個人型確定拠出年金（iDeCo）活用の比較

	Aさん 		Bさん 		Cさん 	
積立方法	預金のみ		確定拠出年金で 預金のみの積み立て		確定拠出年金で 投信など分散投資	
月々の 貯蓄額	23,000円 ／月	276,000円 ／年	—		—	
月々の 掛金	—		23,000円 ／月	276,000円 ／年	23,000円 ／月	276,000円 ／年
税額 軽減額	—		55,200円／年 課税所得250万円 所得税10%　住民税10%			
想定 利回り	0.025%		0.025%		5%	
積立元本	23,000円×12ヵ月×30年＝8,280,000円					
積立効果 （30年後）	8,304,959円		8,311,214円		19,141,949円	
節税効果 （30年後）			55,200円×30年＝1,656,000円			
老後資金	8,304,959円		9,967,214円		20,797,949円	
差額	—		Aさんより＋約166万円		Aさんより＋約1,249万円	

さらに、毎年還付される税金（還付金）を5%で運用すると、BさんとAさんの差は166万円→383万円に、CさんとAさんの差は1,467万円になります。

ミニポイント40

たとえ安全な預金でも確定拠出年金の利用で大きな差に！

ｉＤｅＣｏを利用して積立預金したＢさんは、30年間でｉＤｅＣｏの税制優遇効果が約１６６万円あり、合わせて**約９９７万円**の老後資金を蓄えることができました。

ｉＤｅＣｏを利用した投信積立で分散投資を選んだＣさんは、30年間で積み立てた元本が１９１４万円にまで増え、さらに約１６６万円の税制優遇の効果を加えると、**約２０８０万円**。Ａさんの倍以上の老後資金を用意することができるのです。

このシミュレーションでは、Ｂさん、Ｃさんの課税所得や想定利回りを低めに見積もっていますので、実際にはＡさんとの差がさ

[図表2◆28] あなたのiDeCoの税制優遇の効果は？

課税所得	税率	iDeCoの掛金額		
		月1万2,000円 年間14万4,000円	月2万3,000円 年間27万6,000円	月6万8,000円 年間81万6,000円
195万円以下	15%	2万1,600円	4万1,400円	12万2,400円
195万円超 330万円以下	20%	2万8,800円	5万5,200円	16万3,200円
330万円超 695万円以下	30%	4万3,200円	8万2,800円	24万4,800円
695万円超 900万円以下	33%	4万7,520円	9万1,080円	26万9,280円
900万円超 1,800万円以下	43%	6万1,920円	11万8,680円	35万880円
1,800万円超 4,000万円以下	50%	7万2,000円	13万8,000円	40万8,000円
4,000万円超	55%	7万9,200円	15万1,800円	44万8,800円

※復興特別所得税は考慮せず。
※効果をイメージしたもの。住民税は、翌年の徴収金額で相殺されるため、現金が返金されるわけではない。

らに開く可能性もあります。

このように、**税制優遇制度を上手に利用すれば、株式投資やＦＸなどリスクの大きな運用をしなくても、大きな資金を築くことができるのです。**

掛金額による税制優遇の実質的な効果をイメージできるように、［図表2◆28］に年間の課税所得ごとの一覧表を掲載します。ぜひ参考にしてください。

個人型確定拠出年金（ｉＤｅＣｏ）を利用できる人、できない人

ここまで、確定拠出年金のメリットを強調してきました。

しかし残念ながら、「個人型確定拠出年金（ｉＤｅＣｏ）」は制度上、利用できる人とできない人がいます。自分が利用できるかどうか、［図表2◆29］で確認してください。

注意しなければならないのは、**農業従事者のための「農業者年金基金」**という年金制度と、**自営業者が入れる「国民年金基金」**という制度の加入者です。

いずれも払い込む掛金について税制優遇がありますので、節税面では確定拠出年金と同

[図表2◆29] 個人型（iDeco）利用の診断チャート

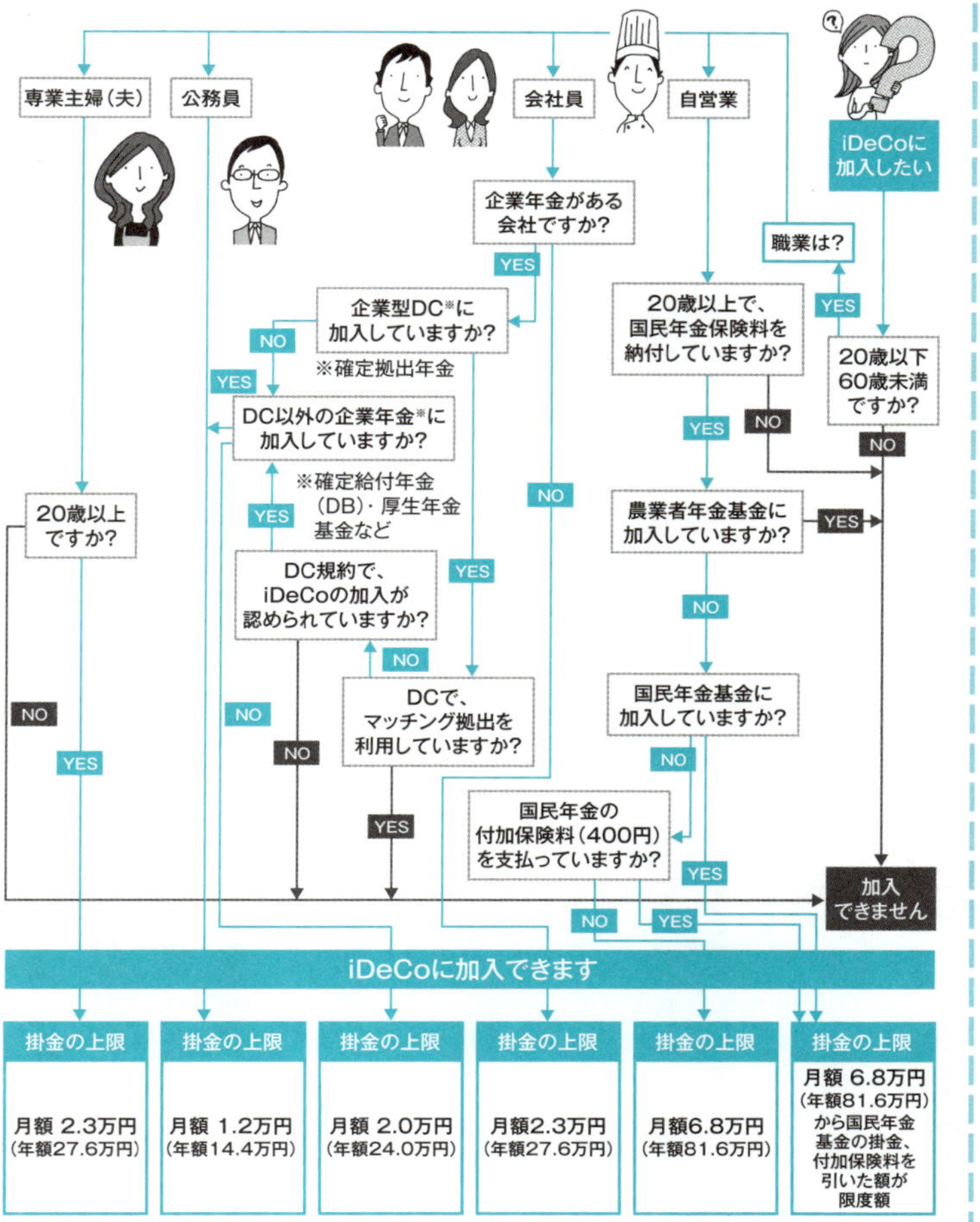

ミニポイント41

自分がiDeCoに加入できるかどうか確認しておきましょう

様のメリットを享受できます。

そのため、**農業者年金基金に加入している人は、個人型確定拠出年金には加入できません**。

一方、国民年金基金に加入している人は、個人型確定拠出年金に加入できます。ただし掛金の上限は、**月額6万8000円（年額81万6000円）から国民年金基金に支払っている毎月の掛金（または年額の掛金）を差し引いた額**となります。

この2つの年金基金について、先ほど「節税面では確定拠出年金と同様のメリットを享受できる」と説明しましたが、そのほかの面では大きなちがいがあります。

それは商品選びです。農業者年金基金と国民年金基金の場合、運用は国まかせです。手間がかからず、安全性も高いかわりに、それほど大きなリターンは期待できません。

一方、**確定拠出年金は、自分でリスクとリターンを勘案しながら、自由に投資する商品を選べます**。そこが大きなちがいといえます。

［図表2◆29］でわかるように、会社員の場合、勤務先の企業年金制度によって、iDeCoを利用できる・できないが決まります。

とくに、しっかりした企業に勤めている人ほど、自分が加入している企業年金の内容を意識せず、会社まかせになっていることが多いようです。

この機会に、企業年金の有無や制度内容を勤務先で確認してみてください。**自分が老後

に受け取ることができる年金制度を現役時代に把握しておくことは、みなさんの将来設計において、きっと役に立つはずです。

もう国には頼れない!? 老後の備えは自分の知恵で!

日本の社会保障制度は、健康保険から一生もらえる年金、公的介護保険まであり、世界的に見ても充実しています。

ただし、これらの**社会保障費が増加の一途をたどっている**のも事実です。

日本のGDPはおよそ550兆円。社会保障費は120兆円です。

日本の財政危機がニュースになることがありますが、この数字を見れば、社会保障費の増大がその大きな要因になっていることがわかります。消費税率や社会保険料を少々引き上げたくらいでは、抜本的な解決にはなりません。

今後、**日本は世界でも例を見ない、超高齢社会に突入**していきます。

働き手の減少によって税収が減り、反対に社会保障が必要な高齢者の急激な増加によって、社会保障費はどんどん膨らみます。

こうしたなかで政府は、社会保障費をできるだけ削減していこうと考えています。健康保険や年金など、**これまでと同じ水準の社会保障給付を私たちが受け続けられる保証はありません**。

自分でできる備えは、税制優遇のメリットを使いながら整えておくことが求められるようになっているのです。

知らないと損をする！　幅が広がった保険料控除って？

ＮＩＳＡ、確定拠出年金と、税制優遇を受けられる制度を２つ説明してきましたが、もうひとつ、納税者ならだれでも受けられる税制優遇の仕組みがあります。

それが**「個人年金保険料控除」「一般生命保険料控除」「介護医療保険料控除」**といった保険料控除の仕組みです。

２０１１年までは従来の生命保険料控除、個人年金保険料控除だけでしたが、２０１２

ミニポイント42

税制優遇制度をフル活用すれば老後の備えは自分でできます

年からはここに介護医療保険料控除が加わり、税制優遇の幅が広がりました。

2011年までは、生命保険料控除、個人年金保険料控除ともに所得控除額は最大5万円、住民税控除額はそれぞれ3万5000円までで、控除額の合計は最大17万円でした。

ここに介護医療保険料控除が加わった2012年からは、**3つの所得控除額はそれぞれ最大4万円、住民税控除額はそれぞれ最大2万8000円（3つの合計で7万円が上限）**ということになりました。控除額の合計は最大19万円に拡大されたのです【図表2◆30】。

これは政府からの「これから社会保障制度が縮小していくことが予測されるので、税制優遇制度を設けますから、国民のみなさんはなるべくご自分で準備をしておいてくださ

［図表2◆30］拡大された保険料の控除額

旧制度				新制度		
一般生命保険料	所得税	5万円	→	一般生命保険料	所得税	4万円
	住民税	3.5万円			住民税	2.8万円
—	—		新設	介護医療保険料	所得税	4万円
					住民税	2.8万円
個人年金保険料	所得税	5万円	→	個人年金保険料	所得税	4万円
	住民税	3.5万円			住民税	2.8万円
全体の控除限度額	所得税	10万円	→	全体の控除限度額	所得税	12万円
	住民税	7万円			住民税	7万円

い」というメッセージと受け取るべきです。

そのことを正確に理解している人は少なく、3つの控除をフル活用している人はまだまだ少数派です。私たち国民は、政策の大きな流れを理解し、税制優遇を生かした保険・年金づくりをしていくことが必要です。

くれぐれも将来、「そんなにいい制度があったなんて知らなかった」と、唇をかむようなことのないようにしましょう。

保険料控除をフルに使えば6万円以上のお金が返ってくる!

ここでは、一般生命保険料控除、個人年金保険料控除、介護医療保険料控除の3つの控除を利用した場合、どれだけの優遇が受けられるのかを見てみましょう。

前項で説明したように、3つの控除をフルに使うと所得控除額が最大12万円、住民税の所得控除が最大7万円になります。

【図表2◆31】を見てください。

ミニポイント43

保険料控除をフル活用すると所得500万円で3万円以上戻ります

まず、所得税の税制優遇額に注目してみましょう。

所得税率は、その人の課税所得（＝所得金額－所得控除）の額によって変わってきます。**最大の12万円の所得控除を受けた場合、還付金として戻ってくるお金は、最低税率で6000円、最高税率で5万4000円**になります。

また、住民税の優遇もありますが、こちらは税率が一律10％ですから、最大の7万円の控除を受けている場合は、課税所得の額に関係なく、だれでも7000円の還付金を受け取ることができます。

つまり、**3つの控除をフルに利用した場合、所得税と住民税で1万3000円〜6万1000円のお金が返ってくる**ということになります。

［図表2◆31］保険料控除をフルに使うと……

課税所得	所得税優遇額		住民税優遇額		合計優遇税額
	12万円控除		7万円控除		
	所得税率	還付金	住民税率	還付金	
195万円以下	5%	6,000円	10%	7,000円	13,000円
195万円超330万円以下	10%	12,000円	10%	7,000円	19,000円
330万円超695万円以下	20%	24,000円	10%	7,000円	31,000円
695万円超900万円以下	23%	27,600円	10%	7,000円	34,600円
900万円超1,800万円以下	33%	39,600円	10%	7,000円	46,600円
1,800万円超4,000万円以下	40%	48,000円	10%	7,000円	55,000円
4,000万円超	45%	54,000円	10%	7,000円	61,000円

会社員や公務員は、所得税からの還付として、毎年12月に勤務先で行う年末調整で還付されます。

また、住民税からの還付は、次の年の給与から天引きされている住民税の額を調整することで受け取れます。

こうした還付は毎年継続的になされますので、必要な保険をなるべく早くはじめ、なるべく長く続けていくことをおすすめします。

個人年金保険料控除を使いたおせば高利回りでの運用が可能に！

3つの保険料控除のうち、まずは**「個人年金保険料控除」**について説明します。

個人年金保険料控除を利用するには、次の3つの条件を満たしていなければなりません。

①保険料の払込期間が10年以上であること
②60歳以降に、年金の受け取りがはじまること

③年金の受取期間が10年以上であること
④受取人が払込者本人か配偶者であること

これらの条件を満たしたうえで、**保険契約時に無料の「個人年金保険料税制適格特約」をつける**ことで、個人年金保険料控除の対象となります。

民間の個人年金保険にはさまざまな種類があり、たとえば年金の受取期間が5年というものもあります。こうした商品の場合は、先の条件には当てはまらないので、個人年金保険料控除の対象にはなりません（ただし、一般生命保険料等控除を利用することは可能です）。

では、個人年金で税制優遇を受けた場合の「利回り」について、**［図表2◆32］**を見

[図表2◆32] 個人年金保険料控除の税制優遇を利回りで考える

課税所得	所得税優遇額 4万円控除		住民税優遇額 2.8万円控除		合計優遇税額	
	所得税率	還付金	住民税率	還付金	還付金	利回り
195万円以下	5%	2,000円	10%	2,800円	4,800円	6.0%
195万円超330万円以下	10%	4,000円	10%	2,800円	6,800円	8.5%
330万円超695万円以下	20%	8,000円	10%	2,800円	10,800円	13.5%
695万円超900万円以下	23%	9,200円	10%	2,800円	12,000円	15.0%
900万円超1,800万円以下	33%	13,200円	10%	2,800円	16,000円	20.0%
1,800万円超4,000万円以下	40%	16,000円	10%	2,800円	18,800円	23.5%
4,000万円超	45%	18,000円	10%	2,800円	20,800円	26.0%

ミニポイント44

税制優遇に注目すれば個人年金保険はお得な貯蓄法

ながら考えてみましょう。

所得税の税率が5％の人が、個人年金保険料を年間8万円（厳密には8万1円以上ですが、ここでは簡略化するため8万円とします）支払っていたとします。その場合、所得税と住民税の還付額は合計4800円になります。

8万円の積み立てによる4800円の還付を「利回り」として考えると、実に6％という数字になります。

払い込む保険料が多ければ多くなるほど、利回りは低下しますが、それでも仮にこの計算の倍、年16万円を払い込んだとしても利回りは3％となります。

大手金融機関の定期預金の利率は、2018年8月現在、0・01％程度です。それを考えれば、定期預金として寝かせておくのがいいのか、個人年金保険に加入して税制優遇を受けるのがいいのか、おのずと答えは見えてくるはずです。

余裕ある老後生活に備えるために賢く選ぶ個人年金保険

ライフプランを考える場合、**リタイア後の収入をどう確保するか**が大きなポイントになります。

65歳から公的年金を受け取る場合、それまで収入を減らすことなく働き続けられればよいのですが、一般的に60歳をすぎてからの収入は、大きく減ってしまう人が大半です。

また、働き方の多様化もあり、60歳の定年以前に早期退職を希望する人もいます。

いずれの場合も、**公的年金受取開始までの無年金期間**をなんとか乗り越えなければなりません。**個人年金保険**は、そうしたニーズに対応した商品です。

たとえば、60歳から所得が減り、生活費が毎月12万円不足しそうだということであれば、60歳から10年間、年に144万円受け取れる個人年金保険にあらかじめ加入しておけば、その差額を補うことができます。65歳からは公的年金の支給がはじまりますから、家計には余裕が出てくるでしょう。

具体的に見てみましょう。

［図表2◆33］に挙げた「5年ごと利差配当付個人年金保険の契約例」を見てください。

ミニポイント45

「利差配当付」や「利率変動型」はインフレに強い個人年金保険

22歳から60歳までの38年間、毎月3万円ずつ積み立てていくと、38年後の積み立て総額は約1368万円になります。そして、60歳から70歳まで、10年間の年金受取総額は1448万円になります。

さらに、毎年積み立てていた掛金は所得控除の対象になりますから、課税所得に応じて税金も戻ってきます。

「個人年金商品は長期で固定金利の商品だから、いまのような低金利時代は不利なんじゃないの?」と考える人もいるかもしれません。

しかし、ここで挙げた「利

[図表2◆33] 5年ごと利差配当付個人年金保険の契約例

名称	5年ごと利差配当付個人年金保険		
年金金額	基本年金年額144.8万円	月払保険料	30,000円
年金種類	10年確定	年間保険料	360,000円
年金受取開始年齢	60歳〜	総払込保険料	1,368万円
保険料払込期間	60歳（38年）	年金受取総額	1,448万円
付加された特約	個人年金保険料税制適格特約		

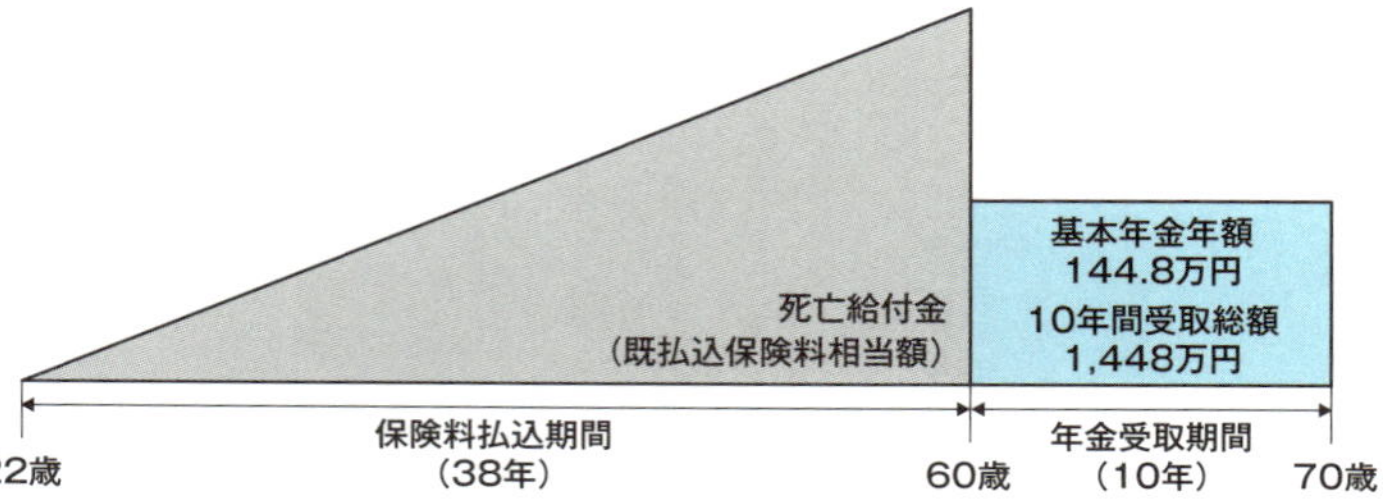

差配当付」や**「利率変動型」**といった商品は、**金利変動にも対応しているため、インフレに強い商品**です。このような個人年金保険を選んでいけば、インフレを過度に恐れる必要はありません。

また、企業内で加入できる円建ての個人年金のなかには、早期に解約しても元本割れしないものもありますし、一部の保険会社では、「利率変動型」でドルなどの外貨で積み立てるタイプも登場しています。

いろいろな保険に適用される一般生命保険料控除を目いっぱい活用しよう

次に、**「一般生命保険料控除」**です。

「一般生命保険料控除」を活用できる商品は、**死亡保障のある終身保険や定期保険、養老保険**です。また、**個人年金保険**も一般生命保険料控除が適用できます。

さらに、子どものいる方が利用する**学資保険**、あるいは勤務先で加入する団体保険も、控除の対象になります。

ミニポイント46

一般生命保険料控除は、学資保険や収入保障保険なども対象です

日本人に多い三大疾病、がん、心疾患（急性心筋梗塞）、脳卒中や要介護状態になった場合に、まとまった保険金を受け取れる**三大疾病保障型や要介護保障型の終身保険**もあります。

三大疾病や要介護状態になることなく亡くなった場合には、受取人に死亡保険金が支払われるため、掛け捨てにはなりません。もちろん一般生命保険料控除の対象ですので、私たちファイナンシャルプランナーが相談に乗っているお客様のあいだでも人気があります。

一般生命保険料控除は、外貨の積み立ても多くありますので、外貨での分散投資を考えている人のなかには、控除を利用しながら、米ドル、ユーロ、豪ドル建ての保険商品で資産形成をするケースもあります。

このように、**一般生命保険料控除はとても幅広く活用できます**。

先ほどの個人年金保険で、税制適格特約をつけなかった場合や、年金の受取期間が5年間となっている場合、個人年金保険料控除は使えないと説明しました。

しかし、これらも一般生命保険料控除の対象に組み込むことができるのです。

保障が一生続く終身保険で貯蓄と保障を両立させる

前項で**「終身保険」**という言葉が登場しました。ひと口に終身保険といっても、いろいろな種類がありますので、ここで簡単に解説しておきます。

加入者が亡くなったときに、受取人が死亡保険金を受け取れるのが終身保険です。保障期間が一生涯続き、必ず保険金を受け取ることができるため、**「貯蓄型の保険」**ということができます。

また、両目の視力を失ったり、手足の機能を失ったりという高度障害状態になった場合にも、保険金を受け取ることができます（その場合、死亡保険金はなくなります）。

このような保険が、終身保険と呼ばれるものです。

終身保険には、いくつかの種類があります。

共通しているのは、**払込期間の保険料が一定であることと、加入時に受け取れる最低の保険金額が決まっていること**です（以前は、一定期間がすぎると保険料が上昇するステップアップ型と呼ばれる商品もありましたが、最近では見かけなくなりました）。

それでは、代表的な終身保険を見てみましょう。

ミニポイント47

終身保険は特徴を見極めて自分に合ったものを選びましょう

①定額終身保険

受け取れる保険金額が加入したときのまま変わらない、シンプルな構造です。

②積立利率変動型終身保険

一定期間ごとに利率の見直しが行われます。ただし、加入時に最低保証利率が約束されていますので、それ以下の利率になることはありません。利率が上回ったときには、受け取れる保険金額が増加します。

③変額終身保険

投資信託などを組み込んで運用するため、**受け取れる保険金額が常に変動**します。運用成績がよければ、保険金額は増加します。運用成績が悪くても、保険金額の最低保証があります。その点が、投資信託を直接購入する場合との大きなちがいになります。

④利差配当型介護保険・三大疾病保障付終身保険

当初の見込みよりも保険会社の運用実績が上回った場合、**その剰余金の分配を受けるこ**

[図表2◆34] 終身保険の種類

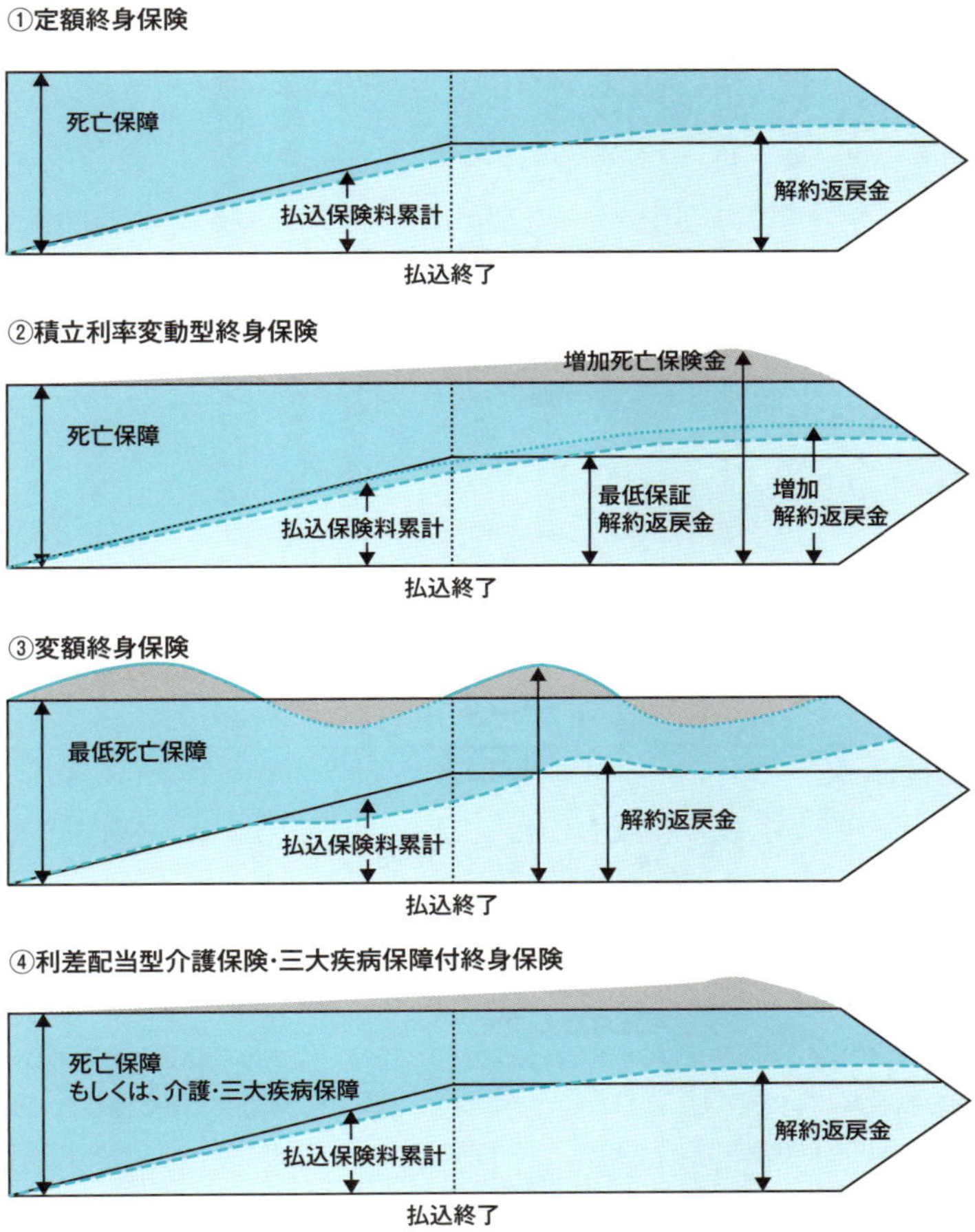
①定額終身保険
死亡保障
払込保険料累計
解約返戻金
払込終了
②積立利率変動型終身保険
増加死亡保険金
死亡保障
最低保証
解約返戻金
増加
解約返戻金
払込保険料累計
払込終了
③変額終身保険
最低死亡保障
払込保険料累計
解約返戻金
払込終了
④利差配当型介護保険・三大疾病保障付終身保険
死亡保障
もしくは、介護・三大疾病保障
払込保険料累計
解約返戻金
払込終了

とができるのが利差配当型介護保険です。要介護状態や三大疾病になった場合の保障も受けられます。

堅実さを重視するなら①、インフレのリスクに備えるなら②、同時に運用を行うなら③、三大疾病や要介護状態にも備えたいなら④ということになります。

たとえば所得税の税率が5%の人が、終身保険の保険料を年間8万円支払っていたとします。その場合、所得税と住民税の還付額は合計4800円になります。

8万円の積み立てによる4800円の還付を「利回り」として考えると、実に6%という数字になります。

[図表2◆35] 一般生命保険料控除の税制優遇を利回りで考える

課税所得	所得税優遇額 4万円控除		住民税優遇額 2.8万円控除		合計優遇税額	
	所得税率	還付金	住民税率	還付金	還付金	利回り
195万円以下	5%	2,000円	10%	2,800円	4,800円	6.0%
195万円超330万円以下	10%	4,000円	10%	2,800円	6,800円	8.5%
330万円超695万円以下	20%	8,000円	10%	2,800円	10,800円	13.5%
695万円超900万円以下	23%	9,200円	10%	2,800円	12,000円	15.0%
900万円超1,800万円以下	33%	13,200円	10%	2,800円	16,000円	20.0%
1,800万円超4,000万円以下	40%	16,000円	10%	2,800円	18,800円	23.5%
4,000万円超	45%	18,000円	10%	2,800円	20,800円	26.0%

介護医療保険料控除をきっかけに医療保険の見直しを検討

2012年から、**「介護医療保険料控除」**が新設されました。控除の枠が広がるのは私たちにとって朗報ですが、少々注意しなければならない点があります。

それは、**所得控除の対象となるのは2012年以降に加入した保険**という点です。つまり、2011年12月31日以前に加入している保険は控除されないということです。対象となるのは、2012年1月1日以後に契約した医療保険、医療費用保険、がん保険、介護保障保険などです。

介護医療保険は、最近では保険料も安くなり、商品性も進化しています。**100円程度で健康保険がきかない先進医療も受けられる特約**やシンプルな商品が増え、保険料も下がっているので、**古い医療保険に加入している人には、新しい商品に入り直す**ことをおすすめしています。

介護医療保険料控除の導入は、「こういった優れた保険をしっかり活用してくださいね」という政府からのメッセージと受け取るべきでしょう。

ミニポイント48

医療制度の進化・変化に合わせて医療保険は早めに見直しておきましょう

さて、個人年金保険料控除、一般生命保険料控除に続いて、介護医療保険料控除の税制優遇の利回りについても見てみましょう。

個人年金保険料、一般生命保険料、介護医療保険料の所得控除額は、所得税がそれぞれ最大4万円で合計で12万円、住民税はそれぞれ最大2万8000円で合計で7万円までとなっています。個人年金保険料、一般生命保険料の控除枠をフルに利用したとすると、残りの住民税の所得控除は1万4000円で、それが介護医療保険料の控除枠に充てられます。

［図表2◆36］を見てください。年間の掛金を8万円とすると、課税所得が195万円以下の場合でも、還付金の利回りは4・3%になります。

［図表2◆36］介護医療保険料控除の税制優遇を利回りで考える

課税所得	所得税優遇額 4万円控除		住民税優遇額 1.4万円控除		合計優遇税額	
	所得税率	還付金	住民税率	還付金	還付金	利回り
195万円以下	5%	2,000円	10%	1,400円	3,400円	4.3%
195万円超330万円以下	10%	4,000円	10%	1,400円	5,400円	6.8%
330万円超695万円以下	20%	8,000円	10%	1,400円	9,400円	11.8%
695万円超900万円以下	23%	9,200円	10%	1,400円	10,600円	13.3%
900万円超1,800万円以下	33%	13,200円	10%	1,400円	14,600円	18.3%
1,800万円超4,000万円以下	40%	16,000円	10%	1,400円	17,400円	21.8%
4,000万円超	45%	18,000円	10%	1,400円	19,400円	24.3%

このように、**税金の還付を受けつつ、自分の医療・介護に備えられる民間の介護医療保険も利用していくこと**が、賢い貯蓄法といえるのではないでしょうか。

ただ、せっかく保険を利用するなら、商品選びもしっかり行いましょう。病気やケガで入院・通院した場合、1日いくら保障されるのか、保障はいつまであるのかなど、内容を細かくチェックすることが大切です。

たとえば、最近の傾向として、病院での入院期間が短期化しています。

そこで私がおすすめしているのが、**三大疾病時に診断一時金が出るタイプの保険**です。診断が下った時点で100万円、300万円など、まとまった保険金を受け取ることができます。これなら早期に退院させられても、「保険が無駄になった」と感じることはありません。

「保険・年金」「貯蓄」「投資」の黄金比はこれだ！

第2章では、NISA、確定拠出年金、そして保険・年金という、税制優遇を利用した

ミニポイント49

「保険・年金」「貯蓄」「投資」のバランスが大事！

マネープランについて説明してきました。

あらためて3つの関係を整理してみましょう。

私たちが経済的に安心して暮らしていくために、まずベースとなるのは**「保険・年金」**です。

そのうえに、将来必要となる資金を確保しておくための**「貯蓄」**が必要です。

さらに、経済的に余裕がある場合には、より豊かな将来のための**「投資」**を考えていきます［図表2◆37］。

この三層のピラミッドのなかで、最初に説明したNISAは一番上の「投資」の部分で活用できますし、税制優遇を利用した保険・年金は一

［図表2◆37］三層のピラミッドで備えるお金の安心

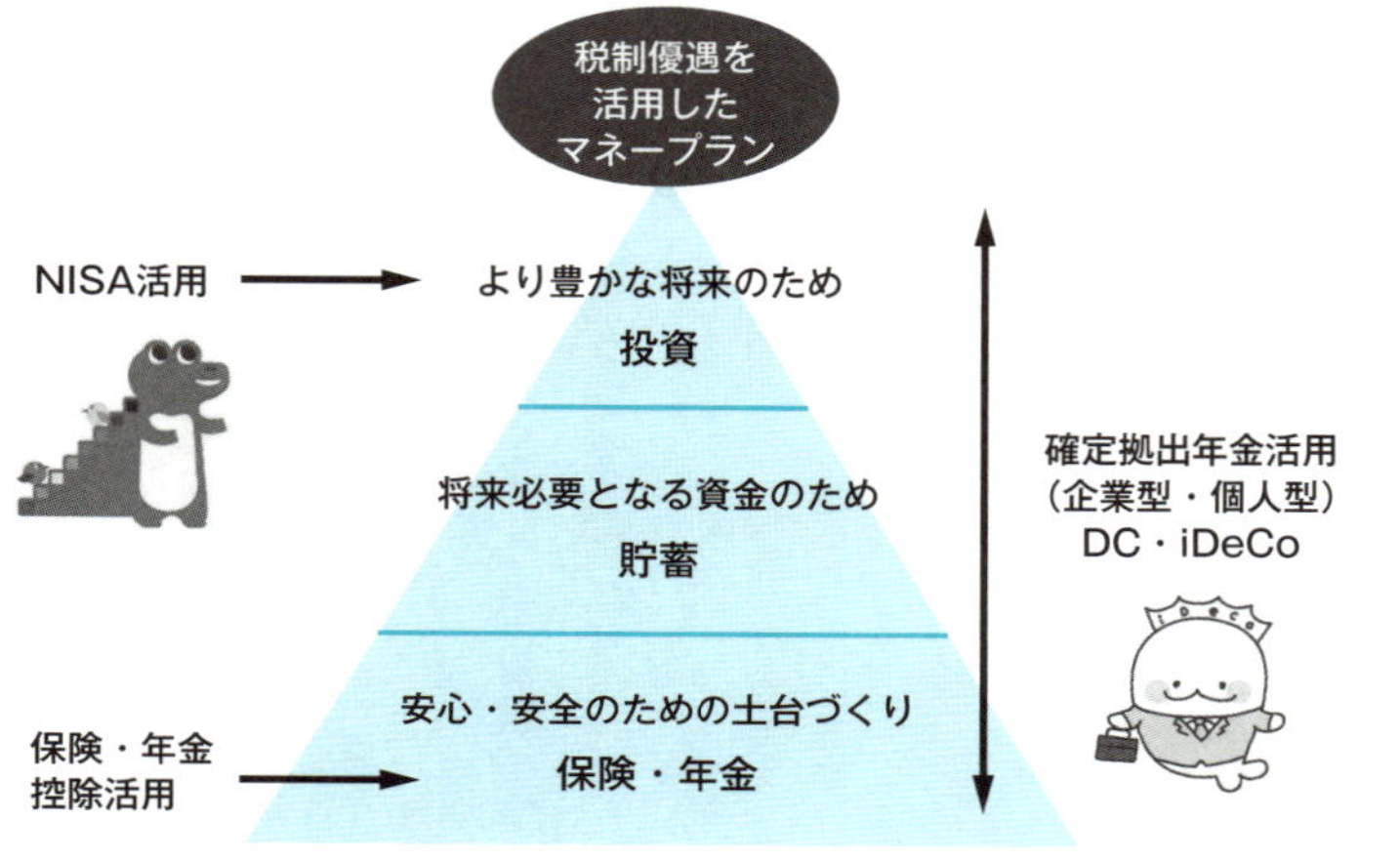

番下の部分で利用できます。

さらに確定拠出年金は、このピラミッド全体についてメリットを受けることができる制度です。

「老後の生活に不安がある」という人のなかには、これらをうまく活用できていない人が多くいます。

たとえば保険・年金の部分で、個人年金、一般生命保険、介護医療保険と3つの税制優遇が受けられるのに、生命保険だけ厚くしてしまい、所得控除の枠を利用しきれていないような場合です。

[図表2◆38] 保険料控除申告書のサンプル

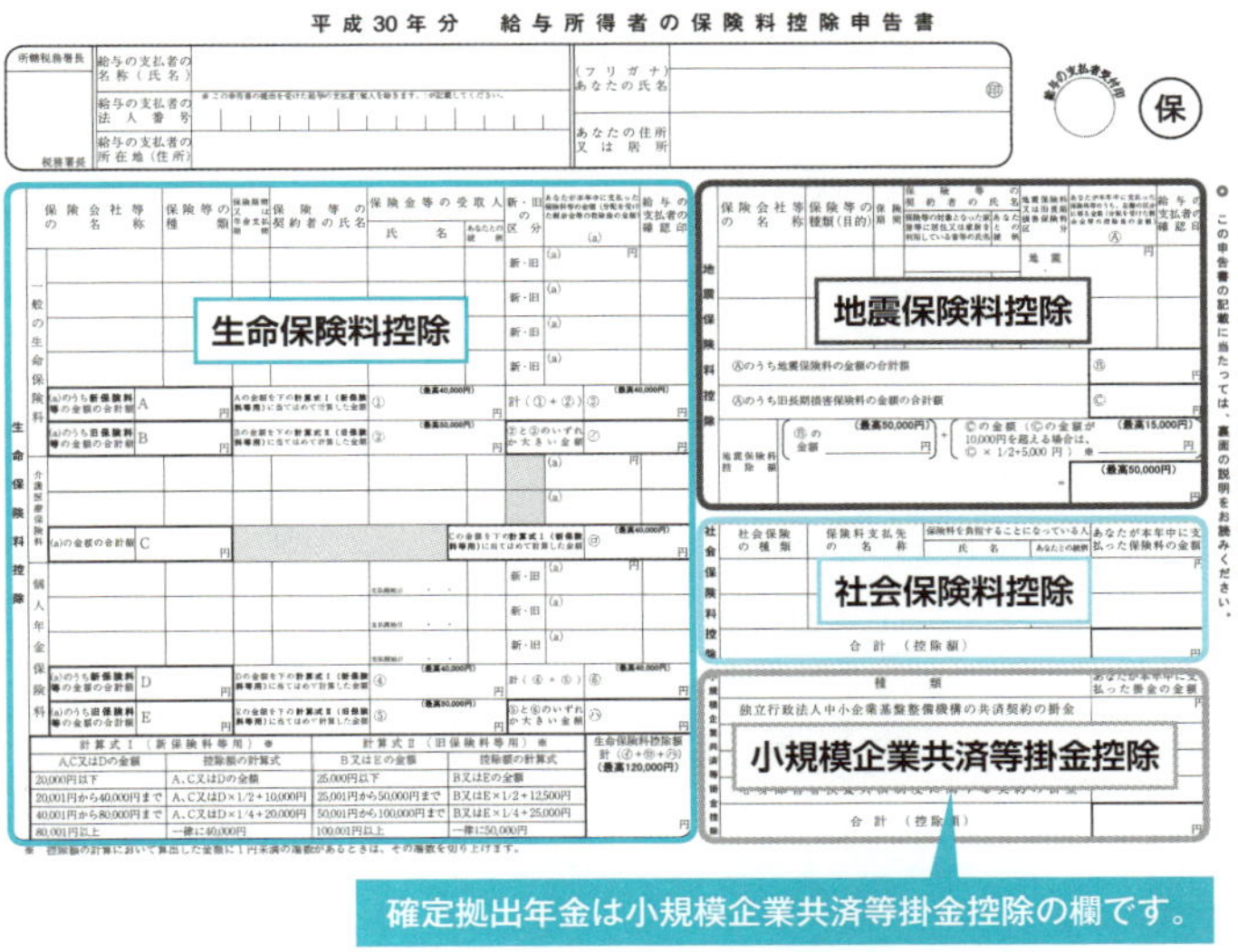

また、「これからは貯金だけではなく投資だ」と、株式投資やＦＸ投資には熱心なのに、確定拠出年金やＮＩＳＡなどの税制優遇メリットをまったく利用していない人もいます。賢く将来に備えるためには、**ＮＩＳＡや確定拠出年金、保険・年金をバランスよく利用していくこと**が非常に大切になってきます。

みなさんはこれらを上手に活用できているでしょうか？　［図表２◆38］には、年末調整のときに使用する「保険料控除申告書」のサンプルを挙げておきました。**太枠で囲んでいるところが、税制優遇を利用しているかどうかがわかるポイント**です。

これを参考に、自分の申告書をぜひ確認してみてください。

お金を増やす
超正解
❾

×
ＮＩＳＡとかｉＤｅＣｏという言葉をよく聞くけれど、難しそうだし何がお得なのかがわからない

○
有利な税制優遇制度である確定拠出年金（個人型は愛称ｉＤｅＣｏ）やＮＩＳＡの仕組みを理解しておく

お金を増やす
超正解
❿

×
投資をしているが、ＮＩＳＡの仕組みがよくわからないので利用していない

○
投資をはじめるなら、株式や投資信託にかかる税金が非課税になるＮＩＳＡを利用する

お金を増やす
超正解
⓫

×
ＮＩＳＡをはじめようと思っているが、「ＮＩＳＡ」と「つみたてＮＩＳＡ」のちがいがよくわからない

○
短期である程度リターンを得たいなら「ＮＩＳＡ」
長期でコツコツ運用をするなら「つみたてＮＩＳＡ」を選ぶ

お金を増やす
超正解
⓬

×
確定拠出年金やｉＤｅＣｏという言葉をよく聞くが
普通の年金と何がちがうのかがわからない

○
国民年金や厚生年金に加えて、自分で年金を積み立てていける
ｉＤｅＣｏを利用する

お金を増やす超正解 ⓭

× 公的年金だけでは生活していけないと聞くが老後が不安なので、とにかくお金を貯めている

○ 老後資金を貯めるなら、掛金が全額所得控除、運用益が非課税、受給時も控除がきくトリプルメリットがある確定拠出年金を利用する

お金を増やす超正解 ⓮

× 勤務先に確定拠出年金の制度がないから自分は確定拠出年金に加入できないらしい

○ 勤務先に確定拠出年金の制度がなくても、自分で加入できるｉＤｅＣｏに加入する

お金を増やす
超正解
⑮

×
確定拠出年金は、投資をしなければならないらしい
リスクがあるなら、怖いからやめておきたい

○
リスクが怖ければ、預金や保険商品など、
元本保証の商品で確定拠出年金を利用する

お金を増やす
超正解
⑯

×
老後資金を貯めようと思っているが
NISAと確定拠出年金どちらを利用するか迷っている

○
効率的に老後資金を貯めるためには、NISAではなく
所得控除のある確定拠出年金でお金を増やす

お金を増やす
超正解
⓱

×
ちまちまと税制優遇制度を利用するより、株式投資やFXで儲けたほうがリターンが大きいはずだ

○
ハイリスクな投資よりも、確定拠出年金やNISAなどの有利な税制優遇制度を使って、ゆっくり、確実に資産を増やす

お金を増やす
超正解
⓲

×
保険料がもったいないから民間の保険は一切入っていない

○
保険料控除を活用しながら生活を支える土台として保険に加入する

お金を増やす
超正解
⓳

×

超低金利時代に、長期固定金利の個人年金保険は不利
預貯金で持っておくほうがいい

○

個人年金保険の掛金は所得控除が受けられるため、
預貯金よりも有利だと判断して加入する

お金を増やす
超正解
⓴

×

保険は若いうちから入ったほうがお得だから
10年前に加入した医療保険に加入し続けている

○

介護医療保険料控除は2012年以降に加入した保険が対象のため
医療の進化や変化に合わせて、医療保険を見直す

お金を増やす超正解 21

✕ お金をどんどん増やしたいから、金融資産の90%を投資にまわしている

〇 家計の黄金比である「保険・年金」「貯蓄」「投資」のピラミッド型になるように、バランスよく資産を構成する

第3章

「低リスク＆放ったらかし」でＯＫはどれ？

「いちばんかしこい金融商品」完全＆徹底ガイド

60歳までの積み立てと60歳以降の取り崩し運用の差はどれくらいになる？

一般的なビジネスパーソンであれば、現役時代の収入から将来に備えてコツコツと積み立てをし、リタイア後はその蓄えを取り崩して暮らしていくというのがスタンダードな生活スタイルになるでしょう。

ということは、マネープランも**前半戦のお金を稼ぐ現役時代**と、**後半戦の蓄えたお金を取り崩す時代**とに分けて考える必要があります。

まずは、前半戦からです。

もしも、**毎月5万円の積み立てを30年間**続けたら、お金はどのくらい貯まるのでしょうか？　5万円×12ヵ月×30年ですから、**元本は1800万円**になります。

これを**1％の利率で運用できていたら、2098万円**となり、タンス預金をしていた場合とくらべると、およそ300万円の増額になります。

また、**利率が3％なら1113万円増の2913万円、5％なら2361万円増の4161万円**になります［**図表3◆1**］。

月々の5万円をどのような金融商品で運用するかによって、将来はこんなにも差がつい

［図表3◆1］運用力の差①（現役＝資産形成時代）

毎月5万円を30年間運用したら…

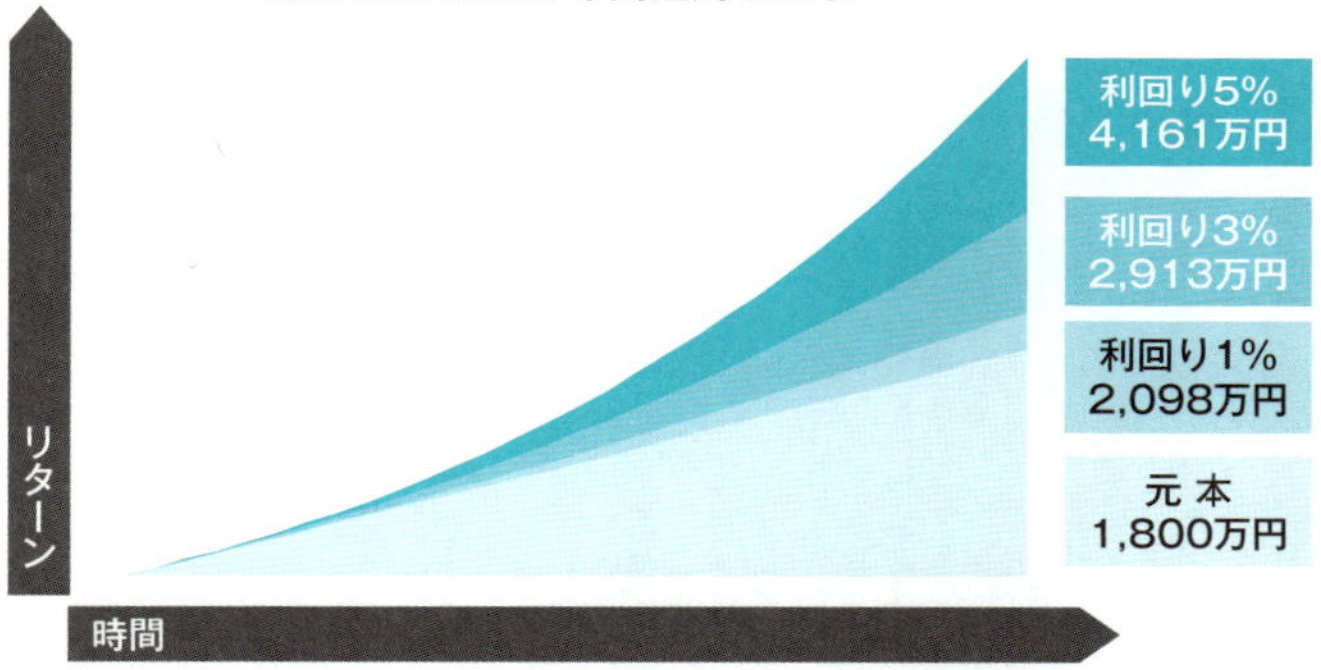

※複利計算。税金を考慮せず。

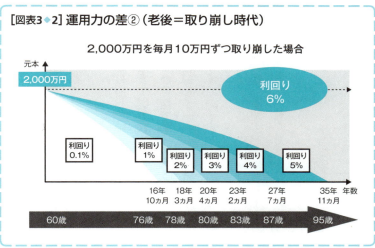

［図表3◆2］運用力の差②（老後＝取り崩し時代）

2,000万円を毎月10万円ずつ取り崩した場合

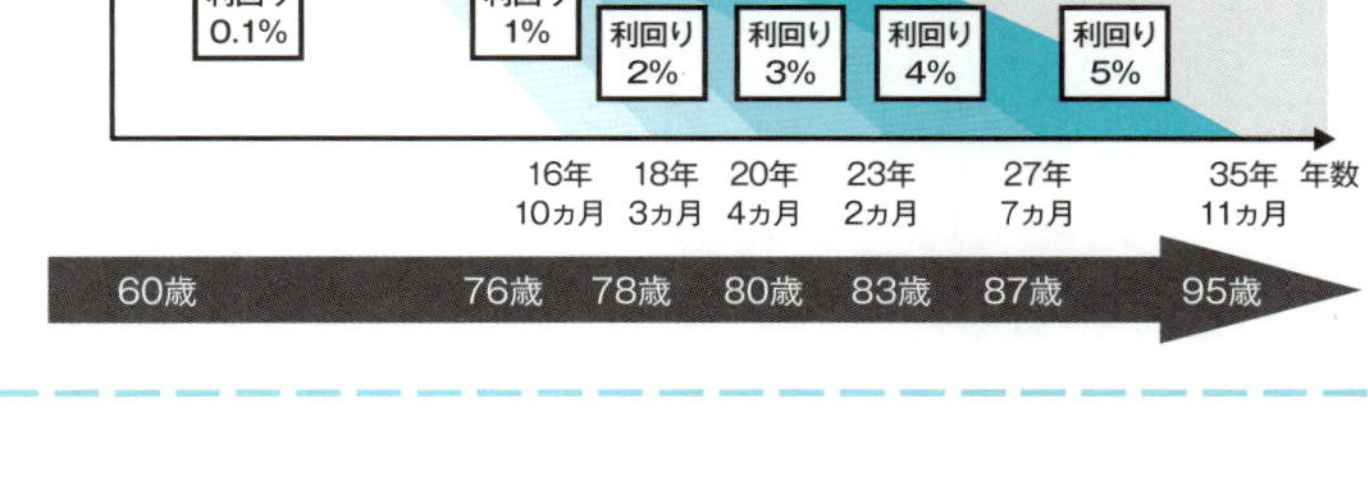

ミニポイント50

「お金の知識」が あなたのお金人生を決めます

てしまうのです。

さらに後半戦のことも考えてみましょう。

たとえば、**60歳のときに、2000万円の金融資産**があったとしましょう。

その2000万円は、銀行に預けるなり、証券会社を通じて運用したりするでしょうが、その運用益には当然差がつきます。

たとえば、2000万円を**60歳から、毎月10万円ずつ取り崩していく**としましょう。

運用利回りが**0・1%だったとすると、76歳で資金は底をついてしまいます**。

ところが、**5%で運用できれば、95歳までもたせることが可能です**［図表3◆2］。

このように、いかに上手にお金を貯め、いかに上手に運用していくかで、私たちの人生は大きく変わってきます。つまり、うまくお金を貯め、うまく増やしていくという**「お金の知識」は、一生モノ**なのです。

ところが、日本では若いうちから株や債券に投資する人は、まだまだ多くありません。そのため、「お金の知識」に乏しい人が非常に多いというのが、私たちファイナンシャルプランナーの実感です。

そのため、仕事をリタイアして、お金をうまく運用していきたい後半戦に入ったとたん、金融機関にすすめられるままに、**いきなり株式投資やFX（外国為替証拠金取引）で「退職金運用デビュー」**をする人が多いのです。

それでうまく増やせればいいのですが、予想に反して大事な退職金を大きく減らしてしまう……なんていうケースは、枚挙にいとまがありません。

働き盛りのころから、**月々5万円程度の積み立てを続け、さまざまな金融商品について知識を蓄えていれば**、後半戦になって大金を失うようなことはありません。

本書を手に取ってくださった読者のみなさんには、ぜひそうした賢い選択をしていただきたいのです。

世の中にあふれる金融商品の中から何を選んで投資すればいい？

私たちのまわりには、さまざまな金融商品があふれています。基本的な知識と運用の羅針盤を持っていないと、どれを選択するべきなのか、なかなか判断できません。

まずは、**それぞれの金融商品の基本性格をしっかり押さえること**が大切です。

金融商品の収益源は、［図表3◆3］の6つに分けることができます。

基本的には**どの金融商品も、収益を上げるのはこの6つのマーケットのいずれかからで**

ミニポイント51

金融商品の仕組みを理解することで自分に向いた運用が見えてきます

あり、各マーケットは互いに影響を与え合います。投資マネーは、この範囲の中で行ったり来たりしています。

たとえば、「株と不動産に投資していたが、景気が悪くなってきたので株と不動産を売って、国債を買って長期金利市場に資金を移そう」といった具合です。

商品市場（金やプラチナ、大豆やトウモロコシの先物など）や外国為替市場（FX取引など）は、着実に資産を増やしていく「投資」というよりも、ギャンブル性の高い「投機」的な側面が強いため、私たちがお金を投じるには、あまり向いていません。

私たちが利用するのに適しているのは、**短期金利市場**をおもな収益源とする**普通預金**や**定期預金**、**MMF**（マネー・マネジメント・ファンド＝換金性の高い投資信託の一種）、**長期金利**

［図表3◆3］金融商品の6つの収益源

市場を収益源とする**国債**や**社債**、**株式市場**を収益源とする**株式**や、**不動産市場**を収益源とする**ＲＥＩＴ**（不動産投資信託）といったものです。

それぞれのマーケットは互いに影響を与えつつ、日々刻々と動いています。私たちはひとつの商品、ひとつのマーケットにこだわることなく、**その時々の経済状況に応じて、投資先を柔軟に変えていかなければならない**のです。

なお、２０１６年2月に、日銀（日本銀行）が**マイナス金利政策**を導入しました。

それまで銀行は、お金を日銀に預けて利息を得ていましたが、マイナス金利政策によって、銀行が日銀にお金を預けたままにしておくと、金利を支払わなくてはならなくなったのです。これによって影響を受ける短期金融資産の利回り低下により運用難になったＭＭＦは、繰上償還されて運用が終了してしまいました。

お金の運用が上手な人と下手な人はいったい何がちがうのか？

預金や保険や債券、株式など、多様な金融商品を実に上手に利用している人には、共通している3つの特徴があります。

ひとつめは、**それぞれの商品の大まかな長所、短所を理解しつつ、金融商品を生活用品のひとつとして利用していること**です。

投資に慣れていない人は、「金融商品」というと肩に力が入りすぎてしまうのか、ついとんがった特殊な商品を選んでしまいがちです。

洋服を選ぶときのことを思い出してみてください。

女性であれば共感していただけると思いますが、目を引くようなデザインの服は、購入をためらうはずです。モードの最先端をいくような服を買ってしまうと、ここ一番のときには映えるかもしれませんが、日常的に着回すことはできません。

洋服選びのうまい人は、それが自分に似合うかどうか、ある程度トレンドにマッチしているかどうかを考えながら、試着してみたり、手持ちの洋服とのコーディネートを意識したりしています。

コンサバティブでありながら、ちょっとだけトレンドを取り入れたような服が、おしゃれで、どんな場所でも活躍してくれるアイテムなのです。これが着回しの利く洋服選びのコツです。

じつは、金融商品選びもまったく一緒です。

その商品が果たして自分のライフプランのコンセプトに合うものかどうか、いまの経済環境にふさわしい商品かどうかを意識して、吟味すべきなのです。

2つめは、**自分で判断できる投資とプロにまかせたほうがいい投資を使い分けていること**です。

基本的な家庭料理は上手につくれるとしても、フレンチやイタリアンなどの凝った料理は、自分でつくるより、レストランでプロのシェフがつくるほうが確実においしいものです。

金融商品についても、自分ではわかりやすいシンプルな商品を選びつつ、一方で経験豊富な金融のプロが運用する投資信託などを併用するのが賢明です。

判断の難しい商品を自分で選ぼうとすると、そのための勉強や情報収集に追われることになり、生活のリズムを崩してしまいかねません。

そうならないためにも、商品によってはプロの目を活用するといった使い分けができる人が、投資上手といえます。

3つめは、**マーケットの基本的な数字をざっと押さえて、バランスの取れた投資を行っているということ**です。

食事でも、季節や天候によって旬の食材があり、また、同じ食材でも適切な調理法があります。投資もまた、経済環境に柔軟に対応していかなければなりません。

そのためには、新聞やテレビで報じられる株価指数や為替相場、四半期ごとの成長率など、基本的な指数や数値を大まかでもいいのでチェックする努力が必要です。

この3つを実行できる人とできない人とでは、お金の運用成績に大きな差がついてしまうのです。

グローバルな視点で世界中の金融商品を資産形成に取り入れる

ビジネスパーソンであるみなさんが勤める会社は、おそらく経済のグローバル化という潮流のなかで、成長を目指していると思います。

日本国内よりも成長率の高いマーケットが海外にあれば、その成長を企業の業績に取り込むことが成長のカギとなります。

それは、資産運用も同じことです。国内だけでなく、広い視野で世界を見渡し、海外の経済成長も投資に活用していきたいものです。

ここに、友人関係にあるAさん、Bさんの2人がいます。

Aさんは、「投資」という概念をあまり持っていないため、運用といっても、超低金利の日本の定期預金だけです。

一方Bさんは、日本だけでなく、世界にも目を向けています。

「いまは100円から海外投資できるような金融商品もあるし、海外の経済成長を自分の資産づくりに生かしたい」と考え、実行に移しました。

10年後、20年後、そして30年後、Aさん、Bさんの資産内容の差は、どんどん大きくなっていきます。

もともとは同じような収入で、同じような生活を送っていた2人ですが、老後の生活水準に大きなちがいが出てしまっては、友人関係を維持するのが難しくなるかもしれません。

もちろん、経済情勢や為替の状況によっては、国内の金融商品に投資するのがもっともベストな選択であるという場合もありえます。しかし、**常に世界全体に目を配り、その時々でなるべく最適な投資・運用にトライする心づもり**が大切なのです。

投資の前に知っておきたい 預貯金のキホンと金利の常識

日本銀行が公表している資金循環統計によると、２０１８年の日本の個人金融資産の残高は、１８００兆円を超えています。

内訳を見ると、「現預金」が９６１兆円なのに対し、「株式・出資金」が１９９兆円、「投資信託」が73兆円、「保険・年金準備金」が５２１兆円などとなっています。

要するに、**日本人は金融資産の大半を、銀行や郵便局への預貯金として持っている**ということです。

その大切な預貯金について基本的なことをおさらいしておきましょう。

私たちは銀行にお金を預けますが、銀行はそのお金を運用して、利益を出さなければなりません。その銀行が利益を出す手段として、もっともオーソドックスなものは、**企業に対する貸し出し**です。

企業は、銀行から借りたお金を使って工場や設備を更新し、そこから生み出された利益のなかから、借りたお金に利息をつけて銀行に返済していきます。

こうしたお金の流れは、高度成長期まで日本企業を後押ししてきた仕組みでしたが、最近では少々事情が変わってきました。

企業は、設備投資などにかかる資金調達を銀行からの融資に頼るのではなく、証券市場を通じて行うようになってきたのです。**株式や社債を発行することで、証券市場から低コストで資金調達する**というわけです。

そこで、困ったのは銀行です。なぜなら、これまでの方法では、利益を生みにくくなってしまったからです。

そこで現在、銀行が運用手段のメインにしているのが、**国債による運用**です。国債というのは、国が金融機関や国民からお金を借りる際に発行する証券です。しかもこの国債も、マイナス金利政策の影響もあって、非常に低い金利となってしまっています。税収の落ち込みが続き、現在政府は国債の発行なしに予算を組むことが困難な状態です。その大量に発行される国債を引き受けているのが、国内外の金融機関なのです。つまり、銀行は私たちが預けたお金を、国債をメインに運用することで利益を生み出しているのです。

さて、私たち国民にとって、預金といえば気になるのが**金利**です。この金利も、そのときどきの経済環境により変化していきます。

ここでは、定期預金の金利の推移を見てみましょう。

［**図表3◆4**］のように、バブル経済の終盤といえる1991年ごろには定期預金の金利

ミニポイント52

バブルのころと現在の金利は雲泥の差 預貯金のみではお金が増えません

が約6％もついていました。

しかし、バブル崩壊後は右肩下がりに落ち続け、2018年12月現在、高いものでも0・015％という水準にしかありません。**バブル期にくらべれば、「ゼロ金利」といっていい状態**です。

もちろん、安全性の面から判断すれば、ほかの金融商品よりも預貯金が優位にあるのはまちがいありません。

しかし、このような超低金利時代においては、**保有する金融資産がすべて預貯金というのは、あまり効率のいい運用とはいえない**のです。

[図表3◆4] 定期預金の金利の推移

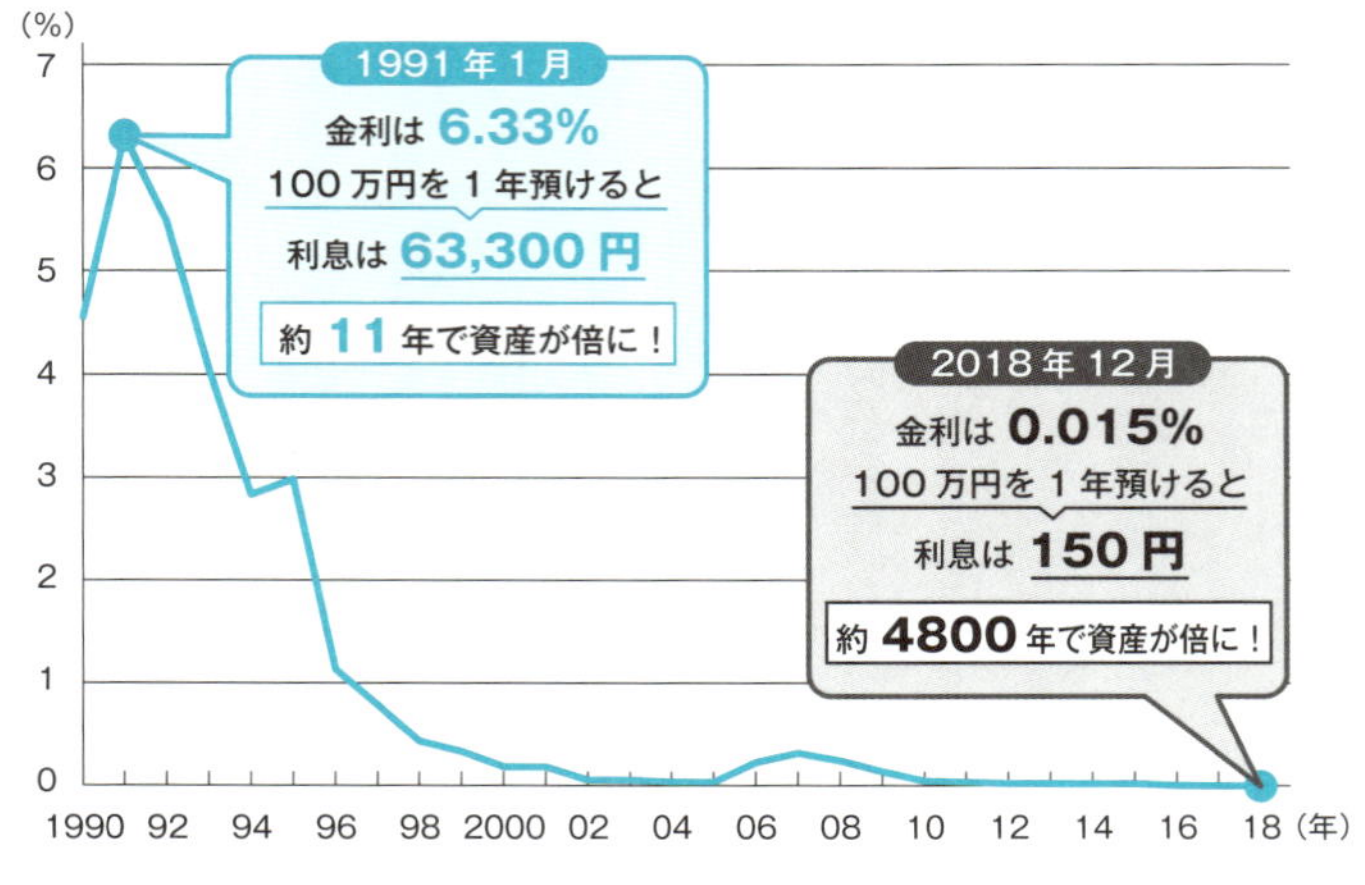

※試算は税金を含まず。1年複利の場合。
日本銀行の資料より作成。1990年〜2003年は定額貯金（3年以上）の年初の金利、2004年以降は定期預金（3年）の年末の金利。

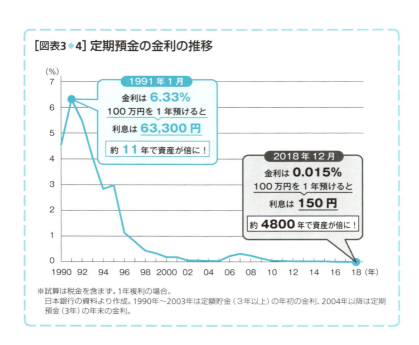

「定期預金はインフレに弱い」をそのまま信じてはいけない！

「定期預金はインフレに弱い」とよくいわれます。

たとえば10年満期の定期預金では、契約時の金利が10年間継続します。

現在のような低金利時代に契約して、その後、満期までの間にインフレに突入してしまうと、不利な運用となります。

これが、「定期預金はインフレに弱い」といわれる理由です。

そうした預金者の不安心理につけ込むように、金融機関の営業マンは「定期預金はインフレに弱いですよ。保険や投資信託で運用したらどうですか？」といったセールストークをよく使います。

たしかに、それはまちがいではありません。

ただし、定期預金のなかには、**1年定期や1ヵ月定期**という商品もあります。

こうした**短期の定期預金に自動継続で加入しておく**と、金利上昇時にはそれに従って預金金利も上がっていくため、少し遅れてですがインフレに対応することができるのです。

逆に、その後の**金利低下が予想できるような状態であれば、短期の定期預金ではなく、**

ミニポイント53

安全に運用したいなら短期の定期預金でインフレ対策を

長期のものに加入しておくことが賢い利用法になります。

安全重視の定期預金でも、インフレ対応術があることをぜひ知っておいてください。

知っているようで知らなかった「債券」という優れた投資商品

手持ちの資金を上手に運用する手段として、**「債券」**は一般的に安全性も高く、魅力的な商品です。

債券とは、企業や国がお金を借りるかわりに発行する、いわゆる借用証書です。**企業が発行する債券を「社債」、国が発行する債券を「国債」**と呼びます。

企業や国は、この債券を個人や企業に買ってもらうかわりに、定期的に利息を支払います。そして、満期が来たときには、企業や国は額面の金額を払い戻します。これを**「償還」**といいます。

債券の種類はほかにも、地方公共団体が発行する「地方債」、政府関係機関などが発行する「財投機関債」、世界銀行やアジア開発銀行などが発行する「国際機関債」、さらに、

ミニポイント54

債券は安全な金融商品の代表格（ただし発行体の信用力に注意）

アメリカ国債のように海外の政府が発行する国債などがあります。

これらを見ればわかるように、債券の一部には信用力の低い企業や外国政府が発行する高リスクのものもあります。

発行体の信用力をたしかめて買うなら、債券は元本割れや紙くずになる恐れの低い、安全性の高い商品といえます。

安全だけれど低利回りな「預金」と、高収益の可能性もあるけれどリスクも高い「株式」とのちょうど中間的な特徴を持つのが「債券」なのです。

ところが、日本人の資産運用において、債券の存在感は極めて希薄です。

定期預金でコツコツお金を貯めてきた人が、ある日「運用」に目覚めて、いきなり株式投資にのめり込み、大やけどを負ってしまう……、なんていうケースも少なくありません。そんな失敗例を耳にするたび、私は「その人が債券投資のことを知っていたら……」と、残念な気持ちになってしまいます。

173ページでも触れましたが、そもそも私たちがお金を預けている銀行も、預金の大半を国債で運用しています。大きなリターンは期待できなくとも、堅実な運用先として、銀行は国債を買っているのです。

見方を変えれば、私たちは銀行を通じて、国債を買っているようなものです。

ということは、**銀行を通さずに自分で国債を買えば、国債の利回りを丸ごと受け取れる**

ということなのです。

利率が下がると価格が上がる債券と金利の深~い関係

国債は、利息のタイプによって **「変動型」** と **「固定型」** に分類できます。

変動型はそのときの経済事情によって利率が変化しますが、固定型は発行時点の利率が満期日まで続きます。

固定型10年満期の国債といっても、発行時期によって利率がちがうのです。

［図表3◆5］ を見てください。

これは、固定型の10年国債の利率の推移を示したものです。

2003年前半には0・4%台にまで低下していますが、注目してほしいのはそのあとの急上昇です。

国債の利率は猛スピードで上昇していき、同じ年の後半には1・5%台まで達しました。

たとえば、あなたが利率0・4%のときに固定型の10年国債を購入したとします。数ヵ月後に金利が上昇して1・5％の10年国債が発行されても、あなたは10年間、年0・4％の利息しか受け取れません。

逆に、あなたが利率8％のときに固定型の10年国債を購入するとします。その後、金利が低下して1％になったとしても、あなたは10年間、年8％の利息を受け取り続けることができるのです。

このように利息が固定型の国債は、**購入するタイミングが非常に大切**です。

また、保有している国債は、**償還を待たずに市場で売却することも可能**ですが、それには条件があります。

[図表3◆5] 10年国債の利率の推移

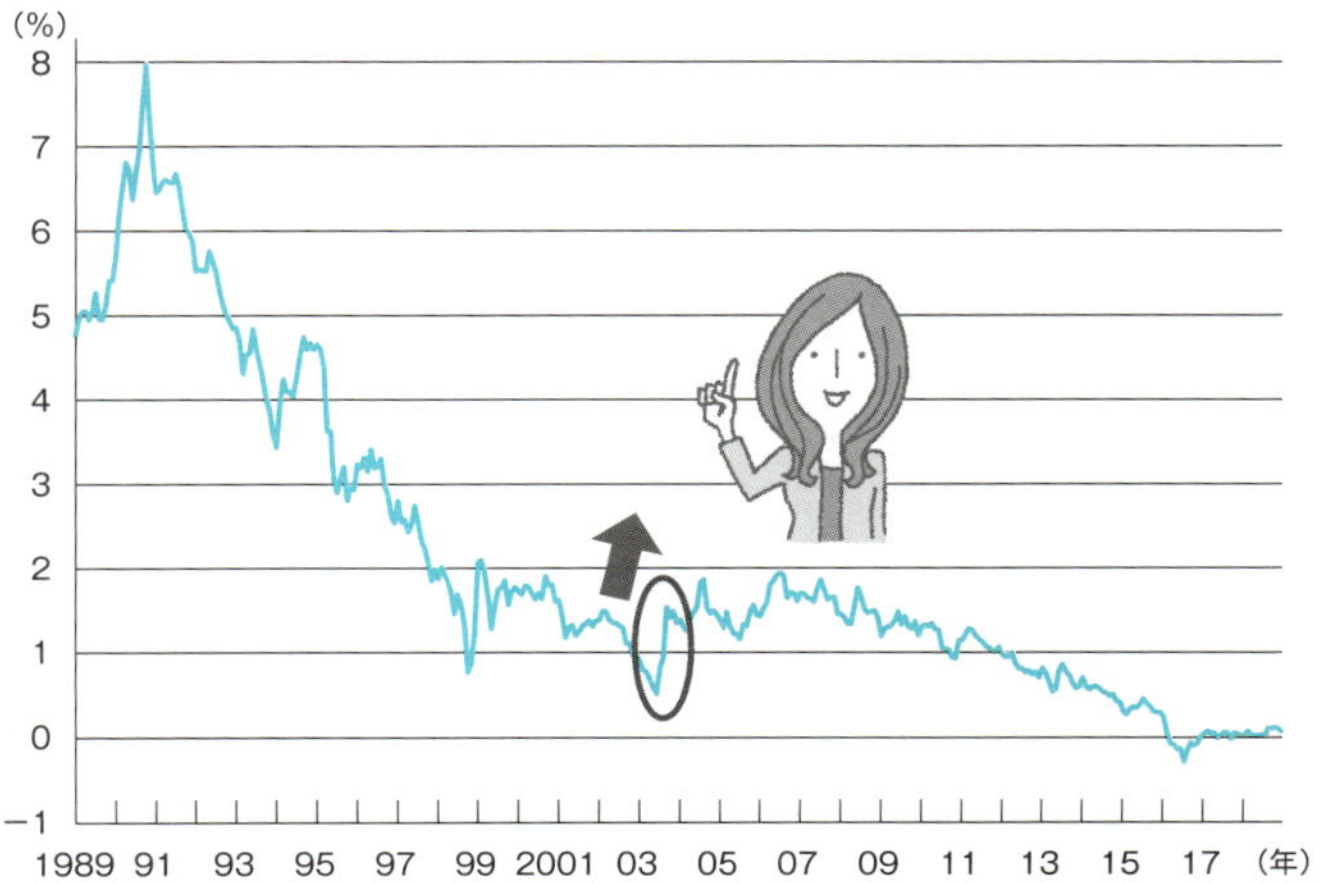

ミニポイント55

景気がよくなると金利や株価が上がり債券価格が下がる

たとえば、利率0・4%の国債を持っている人が、「最近は利率が上がって1・5%になったから、もっと利率のいい国債に買い替えたい」と、手持ちの国債を売却しようと考えたとしましょう。

ただ、新たに発行されている国債はもっと利率の高いものですから、そのままでは0・4%の国債を買いたがる人はいません。そのため、**売却するなら、値段を下げなければなりません**。

利率が0・4%の国債を途中で売却するには、購入側が償還時にそのときに発行されている1・5%の国債と同程度の利率が得られる水準まで、価格を下げなければならないのです。

金利が下がっている状態では、逆になります。金利が0・4%のときに、利率1・5%の国債を売却しようとしたら、買いたい人が殺到しますから値段は高騰します。

ただし、購入側は利率が1・5%の国債を高い値段で買うことになりますから、買った国債の利回りは低下することになります。

このように、**金利が上がると債券価格は下がり、逆に金利が下がると債券価格が上がるという関係にある**のです。

高利率が魅力！人気の外国債券に目を向けてみよう

ミニポイント56

外国債券には為替リスクがあるので分散投資がおすすめ

日本の国債は、利率が1％を切るような低金利が何年も続いていますが、海外の国債に目を向けてみると、状況はまるでちがいます。

各国の10年債の利率を比較してみると、日本国債がマイナス0・02％（マイナス金利）なのに対し、アメリカ国債は2・70％、オーストラリア国債は2・27％、ドイツ国債は0・22％、という具合です（2018年12月末）。

このように、**海外の国債は日本の国債より、はるかに高い金利がついている**ことがわかります。

金融の規制緩和によって、海外の国債も昔にくらべて気軽に買うことができるようになっており、その人気は非常に高くなってきています。

ただし、海外の債券を買うときには、リスクについても考えなくてはなりません。

もっとも注意しなければならないのは**為替リスク**です。

たとえば、アメリカ国債を買ったとします。

購入時より償還時の円ドルレートが10％の**円高ドル安になると、その分為替で損（為替**

差損）を被ることになってしまいます。これでは、せっかくの高い金利水準の魅力も半減してしまいます。

反対に、償還時に**円安ドル高になると、円での受取額は増える**ことになります。

しかし、数年先の為替相場を予想するのは、その道のプロにも至難の業です。

ですから、高い利率に目を奪われて「オーストラリア国債一本槍」といった一極集中の投資スタイルをとるのは、あまり感心できません。

ちがうジャンルの金融商品や、ほかの国の債券に分散投資をしながら購入するのがおすすめです。

投資信託のなかには、複数の海外の債券をパッケージにしてあるものもあります。こういった商品であれば、手軽に分散投資を実践することができます。

そもそも株式ってなんだっけ？
株式投資イロハのイ

株式投資というと、相場で取引される商品であることから「ギャンブル」的なイメージ

ミニポイント57

知名度だけでなく、どうやって収益を上げているかに注目しましょう

を強く持つ人がいます。たしかに、株価の値動きだけを追いかける投資法には、そういった側面もあるでしょう。

しかし、**本来の意味での株式投資とは、企業に投資すること**です。

成長が見込める企業に出資をし、その見返りとして**配当（インカムゲイン）**を受け取ったり、あるいは株価の値上がりによって得られる**売却益（キャピタルゲイン）**を獲得したりするのが、本来の株式投資なのです。

ですから、**銘柄選び**は非常に重要です。

トヨタ自動車のような日本を代表する製造業に投資するのか、ソフトバンクのような急成長企業に投資するのか。その判断の成否が、リターンとしてダイレクトに跳ね返ってきます。

銘柄選びで私が伝えたいことは、あくまで**「本業でしっかり稼げている企業に投資すべきである」**ということです。企業としての実態がほとんどなく、一部の投機家の思惑によって、激しく値動きするような銘柄には手を出すべきではありません。

上場株式には、**「大型株」「中型株」「小型株」**という分類があるのはご存じでしょうか？

大型株は、東証一部上場株式のなかで、時価総額（株価×発行済株式数）と流動性の高い上位100銘柄のこと。ちなみに、流動性というのは売買のしやすさのことで、流動性が高いというのは、多くの人に売買されているという意味になります。

中型株は、大型株銘柄に続く上位400銘柄、小型株は、大型株・中型株に含まれない残りの銘柄のことです。

大型株は、市場に流通している株式数も比較的多いので、急激な値動きを示すことはあまりありません。

中型株・小型株には、優良中堅企業や新興のベンチャー企業などが含まれています。そのため、数年後に急成長してくれるという場合もあります。

反面、流通している株式数が少ないため、まとまった売りや買いが入ると株価が暴落・暴騰することもあるので注意が必要です。

株式投資の重要指標「時価総額」と「東証株価指数」を知ろう

前項で、株式投資とは企業に投資することであると説明しました。

そのため「この企業はCMでよく見るから」とか、「ここの製品をずっと使っているから」といった、いわば「当てずっぽう」で株を買う人を多く見かけます。

しかし、消費者の目に触れやすい最終製品やサービスを提供している会社以外にも、**原料メーカーや部材メーカー、普段なじみのないサービスをメインに利益を出している企業など、大活躍している優良企業**はたくさんあります。

東京証券取引所に上場している企業だけでも、**3600社以上**もあるのです（2018年12月末現在）。

そのなかから、当てずっぽうの投資ではなく、あなたの資産を確実に増やしてくれる企業を選ばなければなりません。つまり、**「なるべく低リスクで、収益力も期待できる企業」**です。

そんなムシのいい投資先をどうやって見つけたらいいのでしょうか？

私が重視しているのは**「時価総額ランキング」**です。

日経平均株価が3万8957円をつけた1989年12月末の時価総額ランキングを見ると、トップがNTTで約23兆円となっています［**図表3◆6**］。2位の東京電力（約8兆円）のおよそ3倍の時価総額です。トヨタ自動車は約7・7兆円で3位でした。

2018年12月の時価総額ランキングを見ると、1位がトヨタ自動車で21兆円と約3倍に、また1989年にはランクになかったソフトバンクグループやキーエンスなどがトップテン入りしています。

29年前にトップだったNTTは3位に名を連ねて健闘していますが、約22兆円あった時

ミニポイント58

代表企業・優良企業を探し出すための注目ポイントが「時価総額」

価総額は約9兆円にまで減っています。

時価総額ランキングは、企業の盛衰、その業界の浮沈はもちろん、そのときの株価によって大きく変動します。

しかし、上位に名を連ねている企業はまちがいなく、**その瞬間の日本を代表する優良企業**です。個別銘柄を物色するときのモノサシにちょうどいいのです。

株式投資をする場合、もうひとつ重要な指数があります。

そう、言わずもがなの**「株価指数」**です。

日本で有名なのはもちろん**「日経平均株価」と「TOPIX（東証株**

［図表3◆6］時価総額ランキングの比較（東証一部）

1989年（12月末）

順位	社名	時価総額（兆円）
1	NTT	22.9
2	東京電力	8.1
3	トヨタ自動車	7.7
4	野村證券	6.7
5	日本長期信用銀行（現・新生銀行）	6.5
6	新日鉄（現・新日鉄住金）	5.3
7	松下電器産業（現・パナソニック）	4.8
8	関西電力	4.8
9	日立製作所	4.6
10	三菱重工業	3.8

2018年（12月末）

順位	社名	時価総額（兆円）
1	トヨタ自動車	20.9
2	NTTドコモ	9.4
3	NTT	8.7
4	ソフトバンクグループ	8.0
5	三菱UFJフィナンシャル・グループ	7.4
6	キーエンス	6.8
7	ソニー	6.8
8	KDDI	6.6
9	ソフトバンク	6.5
10	ファーストリテイリング	6.0

ミニポイント59

「日経平均株価」は225社から算出
「TOPIX」は一部上場企業すべてから算出

価指数）」ですが、みなさんはこの２つのちがいをご存じでしょうか？

日経平均株価は、日本経済新聞社が東証一部上場企業約２１００社のなかからピックアップした２２５社の株価から算出した指数です。２２５社には取引が活発で、流動性の高い銘柄が選ばれていますが、いずれも日本を代表する企業ばかりです。

ＴＯＰＩＸは、２１００社ある東証一部上場企業すべての株価からはじき出された指数です。

日経平均株価が東証一部上場会社からえりすぐりの２２５社のものであるのに対し、ＴＯＰＩＸは２１００社すべての株価ということになりますが、そもそも「東証一部上場」であること自体が優良企業の代名詞です。

つまり、日経平均株価を構成する銘柄も、ＴＯＰＩＸを構成する東証一部の銘柄も、**日本経済の代表選手によるドリームチーム**のようなものなのです。

ところで、日経平均株価とＴＯＰＩＸは、テレビのニュースでもその数値が報じられるほど身近な指数ではありますが、値動きの仕方に少々ちがいがあります。

もちろん元になる銘柄の数がちがうので、指数もちがって当然なのですが、**日経平均株価は独特な算出方法のせいで、発行済株式数が少なく価格が高い銘柄の値動きに左右されやすい**という特徴があります。

最近では、ユニクロを展開するファーストリテイリング社の値動きに日経平均が影響されやすくなっていることが指摘されています。

どちらも日本企業の代表選手のチームですが、そのようなちがいがあるということを覚えておいてください。

決算発表のスケジュールは株式投資の重要ポイント

株価を決定する要素にはさまざまなものがありますが、最大の要因は、なんといっても**その企業の業績**です。

上場企業であれば、年に一度の本決算と、それ以外に3ヵ月ごとの四半期決算という具合に、その業績を定期的に公表することが義務づけられています。

決算では、**売上高、営業損益、経常損益、最終損益**はもちろんのこと、収益力がわかる**損益計算書**や資産内容を示す**貸借対照表**も示されます。その内容は、新聞などでも報じられますし、企業のホームページでも公表されます。

では、**決算発表**はいつごろ行われるのでしょうか。

ミニポイント60

企業の業績を公開する「決算発表」その内容は株価が上下する要因に

じつは、企業の会計年度は、その会社ごとに自由に設定できます。

日本では、伝統的に4月1日から翌年の3月31日までを会計年度としている企業が多くなっています。東証一部上場企業の約7割が3月決算です。

この場合、**3月31日で締めた1年間の業績が公表されるのは1ヵ月から1ヵ月半ほどのち**。4～6月（第1四半期）、7～9月（第2四半期。3月決算の企業なら中間期）、10～12月（第3四半期）の四半期決算も、締め月の1ヵ月から1ヵ月半ほどのちになります。

このサイクルを覚えておくと、企業の業績に関するニュースをチェックするうえで便利です。

株価を見るときに、便利な指標もあり

[図表3◆7] 株価を見るときに便利な指標

- **決算期**（日本3月決算、米国12月決算が多い）
- **財務三表**（貸借対照表、損益計算書、キャッシュフロー計算書）
- **PER**（株価収益率）=株価÷1株当たり純利益
- **PBR**（株価純資産倍率）=株価÷1株当たり純資産
- **ROE**（自己資本利益率）=純利益÷株主資本
- **ROA**（総資本利益率）=純利益÷総資本（総資産）
- **株主資本比率**=株主資本÷総資本（総資産）
- **配当利回り**=1株当たり配当金÷株価

ます。

基本的なものだけでも知っておくと、銘柄選びがしやすくなるでしょう。代表的なものを［**図表3◆7**］にまとめました。

きちんと分析して株式投資をしている人は、これらの指標もチェックしていますから、当てずっぽうで買っているようでは太刀打ちできません。

「銘柄選びは手間がかかりそうで自信がない」ということであれば、プロが複数の銘柄を選んでくれる投資信託を購入するという手もあります。

個人投資家だからこそ日本企業の強みを生かせる

日本企業には、世界中から尊敬されるような高い技術力を持った企業がいくつもあります。技術力は日本企業の大きな強みです。

さらにもうひとつ、読者のみなさんにぜひ知っておいてほしい強みが、日本企業にはあります。それは**企業としての「息の長さ」**です。

国内の上場企業を見渡してみても、創業から300年以上経っている企業はゴロゴロあります。［図表3◆8］を見てください。トップの**松井建設の創業は1586年。創業400年を優に超えているのです**。

同じく400年超え企業には、住友金属鉱山のような大企業もあれば、養命酒製造のように時価総額は決して大きくないですが、自己資本比率が非常に高い会社もあります。

規模の大小はさておき、いずれも**独自の強みを持ち、業界のなかで確固たる地位を築**

［図表3◆8］日本には、息の長い優良企業がたくさんある

2018年

		社名	市場	創業	創業からの年数	時価総額	自己資本比率
1	400年企業	松井建設	東証一部	1586年	432年	108億円	42%
2		住友金属鉱山	東証一部	1590年	428年	8,067億円	57%
3		養命酒製造	東証一部	1602年	416年	272億円	89%
4	300年企業	小津産業	東証一部	1653年	365年	109億円	58%
5		大木ヘルスケアホールディングス	東証JASDAQスタンダード	1658年	360年	60億円	14%
6		浅香工業	東証二部	1661年	357年	13億円	44%
7		ユアサ商事	東証一部	1666年	352年	391億円	12%
8		岡谷鋼機	名証一部	1669年	349年	581億円	28%
9		田辺三菱製薬	東証一部	1678年	340年	7,433億円	85%
10		住友林業	東証一部	1691年	327年	1,804億円	35%

いてきた企業です。

こうした息の長い企業が日本に多い理由は、おそらく企業経営の安定度の高さにあるのではないでしょうか。

株主の利益を強く意識しなければならないアメリカ企業の経営者は、どうしても目の前の業績を上げることに追われがちです。それが行きすぎることも多く、結果、経営破たんや企業の統合・買収も日常茶飯事です。

一方、日本企業の経営者には、目の前の業績拡大を追うよりも、**長期にわたって着実に利益を上げていこう**という志向性の人が多く見受けられます。ひいてはこれが、息の長い企業が生まれる土壌になっているのではないでしょうか。

こういった企業が身近に存在するこ

[図表3◆9] 株価は何倍になった？

	会社名	1980年−2004年
1	任天堂	249倍
2	セブン−イレブン・ジャパン	236倍
3	村田製作所	75倍
4	東京精密	72倍
5	日本テレビ放送網	53倍
6	ヒロセ電機	45倍
7	有沢製作所	40倍
8	ヤマト運輸	37倍
9	京成電鉄	30倍
10	セコム	28倍

ミニポイント61

優良企業への長期投資は個人投資家ならではの醍醐味

とは、私たち**日本の個人投資家の強み**です。

生命保険会社や投資ファンド、年金基金など、巨額の資金を運用するプロの集団を機関投資家と呼びますが、彼らはコンスタントに、できるだけ多くの利益を上げることを求められています。そのため、どうしても値動きのある銘柄へ投資が集中します。

それに対して**個人投資家は、短期での利益を求めなくてもいいので、そのつもりであればいつまでも保有し続けることができます**。

ひとつの株を長期間保有し続けることで、驚くほどの値上がり益を享受できることもあります。

【図表3◆9】は、１９８０年とくらべて、イラク戦争直後の２００４年に株価が何倍になっているかを示したものです。トップの任天堂は、２４９倍です。１９８０年に任天堂の株式を１００万円分購入し、そのまま持ち続けていた人は、２００４年には２億４９００万円の資産を手にした計算になります。

息の長い企業が多い日本において、ひとつの銘柄を長期にわたって保有し続けることができる個人投資家は、それだけで大きな強みを持っているといっても過言ではないのです。

成長を続ける海外のグローバル企業を投資対象にする

さてもう一度、友人関係にあるAさんとBさんに登場していただきます。

預貯金だけだったAさんは、一歩進んで、日本株への投資をはじめました。

友人のBさんは、日本企業のみならず、アメリカやヨーロッパといった先進国の企業、さらには中国やインド、ブラジルなどの新興国の企業にも分散投資をしています［**図表3◆10**］。

はたしてどちらの投資スタイルが、高いパフォーマンスを獲得できるでしょうか？

日本には優れた企業がたくさんあります。しかし近年では、**地球全体を見渡して最適地に製造拠点を設けたり、全世界を相手に製品を販売したり、サービスを提供したりする「グローバル経営」を実践できる企業**が、世界経済のリード役を果たすようになってきました。

このようなグローバル化が進んだ環境では、国内市場だけを相手にしている日本企業だけではなく、世界中から優良な企業を見つけて投資するほうが理にかなっているといえます。

また、長期的に見れば、**株式のリターンはその国のGDPの成長と密接に結びついてい**

ます。であるなら、経済が成熟した日本よりも、発展著しい中国やインドのような新興国の株式に投資したほうが、高い収益を生む可能性が高いのです。

［図表3◆11］の**「世界GDPランキング」**を見てください。2007年と2017年の名目GDPをまとめたものです。

この間、日本のGDPは4兆5150億ドルから4兆8721億ドルへと、約1・08倍に成長しています。一方日本の4倍近いGDPを誇るアメリカは、約1・33倍と、日本以上に成長しています。

また中国、インド、ブラジルなどの国々は、軒並み高い成長率をマークしており、猛烈な勢いで発展していることが数字にも示されています。

［図表3◆10］バランスよく運用しているBさん

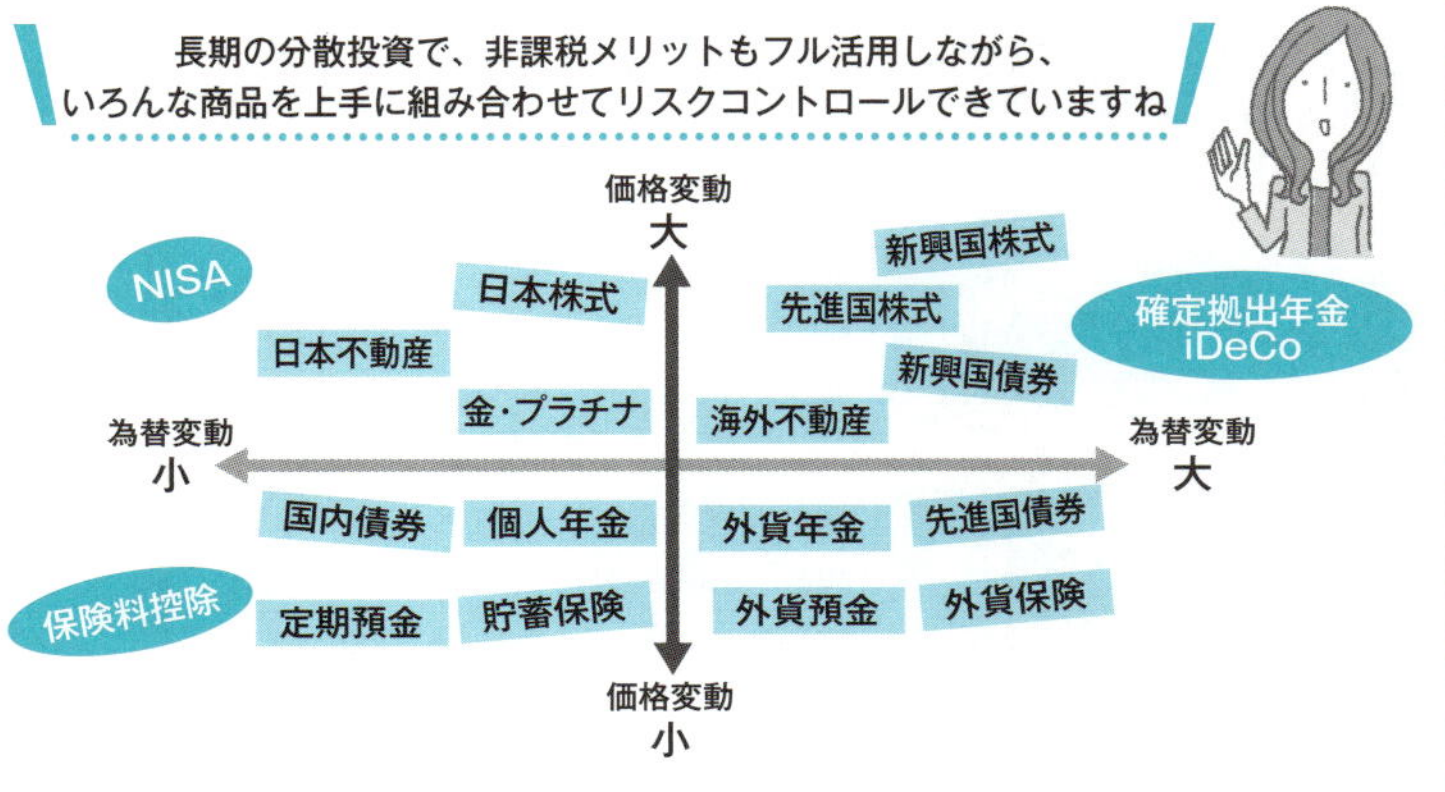

つまり**日本企業にだけ投資しているAさんと、海外の銘柄にも目を向けているBさんとでは、Bさんのほうが大きなリターンを得られる可能性が高い**のです。

[図表3◆11] 世界GDPランキング

（単位：10億ドル）

順位	国	2017年のGDP	10年前のGDP	伸び率	人口	代表平均株価
—	世界	79,767	58,026	137% ↑	73.72億人	MSCIオールカントリー指数
1	アメリカ	19,391	14,478	133% ↑	3.25億人	ダウ平均株価
2	中国	12,015	3,571	336% ↑	13.90億人	上海総合指数
3	日本	4,872	4,515	108% ↑	1.26億人	日経平均株価
4	ドイツ	3,685	3,445	107% ↑	0.82億人	DAX指数
5	イギリス	2,625	3,076	85% ↓	0.66億人	FT100指数
6	インド	2,611	1,239	211% ↑	13.16億人	SENSEX30指数
7	フランス	2,584	2,667	97% ↓	0.64億人	CAC40指数
8	ブラジル	2,055	1,396	147% ↑	2.07億人	ボベスパ指数
9	イタリア	1,938	2,206	88% ↓	0.60億人	FTSE-MIB指数
10	カナダ	1,652	1,465	113% ↑	0.36億人	トロント総合指数
11	韓国	1,538	1,123	137% ↑	0.51億人	韓国総合株価指数
12	ロシア	1,527	1,396	109% ↑	1.43億人	RTS指数
13	オーストラリア	1,380	946	146% ↑	0.24億人	ASX指数
14	スペイン	1,314	1,481	89% ↓	0.46億人	IBEX35指数
15	メキシコ	1,149	1,053	109% ↑	1.23億人	ボルサ指数

（出所）IMF2017年度より

投資に値する外国企業を選ぶときの2つのポイント

外国の企業に投資するときは、どんな銘柄を選べばいいのでしょうか？

銘柄選びには2つの基本的なポイントがあります。

まずひとつめ。注目してほしいのは、［図表3◆11］の「世界ＧＤＰランキング」の右端にある**「代表平均株価」**です。

日本に日経平均株価があるように、**アメリカにはダウ平均株価、中国には上海総合指数**というように、各国ごとに代表的な株価指数が存在し、日本のニュースでもその値動きが報じられています。

日経平均株価と同様、ダウ平均株価やＤＡＸ（ドイツ株価指数）なども、市場に上場している銘柄の一部の株価から算出した指数になっています。

アメリカのダウ・ジョーンズ社が算出しているダウ平均株価には、「ダウ工業株30種平均」「ダウ輸送株20種平均」「ダウ公共株15種平均」の3種類に加え、これら3種を合わせた「ダウ総合65種平均」があります。代表的なのは**「ダウ工業株30種平均」で、これがいわゆる「ダウ平均」「ニューヨークダウ」などと呼ばれているもの**です。

ミニポイント62

世界の株価指数に注目しましょう

そしてその名称からわかるように、アメリカの代表的な企業30社の株価からはじき出されており、30社の顔触れもときどき見直されています。

２０１３年秋にも大幅な入れ替えがあり、アルコア、ヒューレット・パッカード、バンク・オブ・アメリカの3社にかわって、ゴールドマン・サックス、ビザ、ナイキが採用されました。１８９６年にこの指数がつくられて以来、構成銘柄であり続けているのはゼネラル・エレクトリック（ＧＥ）だけでしたが、２０１８年6月に、とうとうはずされてしまいました。

たとえるなら、「サッカー日本代表」のようなものです。同じ「日本代表チーム」であっても、メンバーはそのときどきのもっとも優れた選手が選ばれています。

ですから、**外国株のなかから個別銘柄を選ぶのであれば、ダウ平均やドイツDAXの採用銘柄のなかからチョイス**すれば、大きくまちがえることはありません。これが外国株投資の基本です。

２つめは、**「時価総額」**の大きい企業への投資です。

【図表3◆12】に、日本企業と外国企業の時価総額ランキングトップ10を並べてみました。日本のトップは、約21兆円のトヨタ自動車ですが、世界ランキングで２０１８年12月時点では、41位となっています。グローバル企業ともなると、上には上があるものです。こうした超グローバル企業への投資も、ぜひ検討したいものです。

この時価総額ランキングに関して、ちょっと覚えていただきたいことがあります。上位にはみなさんもご存じのアマゾン、グーグル、フェイスブックがランクインしていますが、じつはこの3社は、ダウ平均30社には採用されていないという点です。

この3社は急激な成長を遂げたため、ダウ平均銘柄に採用してしまうと、それまでの指数とのかい離が大きくなりすぎるということから、見送られてきているのです。

ですから、ダウ平均の採用銘柄のなかからだけで投資先を物色しようとすると、これら3社のよ

[図表3◆12] 日本の代表企業vs.世界の代表企業

順位	銘柄名	時価総額
1	トヨタ自動車	20.9兆円
2	NTTドコモ	9.4兆円
3	NTT	8.7兆円
4	ソフトバンクグループ	8.0兆円
5	三菱UFJフィナンシャル・グループ	7.4兆円
6	キーエンス	6.8兆円
7	ソニー	6.8兆円
8	KDDI	6.6兆円
9	ソフトバンク	6.5兆円
10	ファーストリテイリング	6.0兆円

順位	社名	国	時価総額
1	マイクロソフト	アメリカ	86.5兆円
2	アップル	アメリカ	82.3兆円
3	アマゾン	アメリカ	80.7兆円
4	グーグル	アメリカ	79.5兆円
5	バークシャー・ハサウェイ	アメリカ	55.2兆円
6	テンセント	中国	41.8兆円
7	フェイスブック	アメリカ	41.4兆円
8	アリババグループ	中国	38.7兆円
9	ジョンソン・エンド・ジョンソン	アメリカ	38.0兆円
10	JPモルガン・チェース	アメリカ	35.7兆円
41	トヨタ自動車	日本	20.9兆円

※2018年12月末現在、為替110円として計算。
（出所）各種データより家計の総合相談センター作成

うな有望な企業を見落としてしまうことになります。そのため、**時価総額ランキングにも目を通しておくこと**をぜひおすすめします。

インデックスファンドで「代表選手」を丸ごと買ってみよう

ここまで国内、海外の個別株の選び方を説明してきました。

日経平均株価やダウ平均の採用銘柄、時価総額ランキングの上位企業から選んでいけば、大きく誤ることはないというのが基本的な考え方です。

つけ加えると、少数の銘柄ではなく、数多くの銘柄に分散投資したほうがリスクは小さくなります。できることなら、「代表選手」全銘柄に投資したいものです。

しかし、実際にダウ平均の30社、日経平均株価の225社すべての株式を買うとなると、大きな手間と資金が必要です。

そこで、おすすめの方法があります。

それは、こうした株価指数に連動した**「インデックスファンド」**を買うことです。これ

ミニポイント63

インデックスファンドは代表的な企業に分散投資できます

を1本買えば、**最小の手間と少ない資金で全銘柄に投資することができる**のです。

もう少し詳しく説明しましょう。

インデックスファンドは、投資信託（投信）の一種です。

投資信託とは、多数の個人から預かった資金を、資金運用のプロがさまざまな商品に投資し、得られた利益を出資者である個人に分配する仕組みの商品です。

その一種であるインデックスファンドは、基本的には日経平均株価やTOPIX、ダウ平均などの株価指数や債券指数の変動に合わせて、価格が上下します。

[図表3◆13] 投資信託の仕組みとコスト

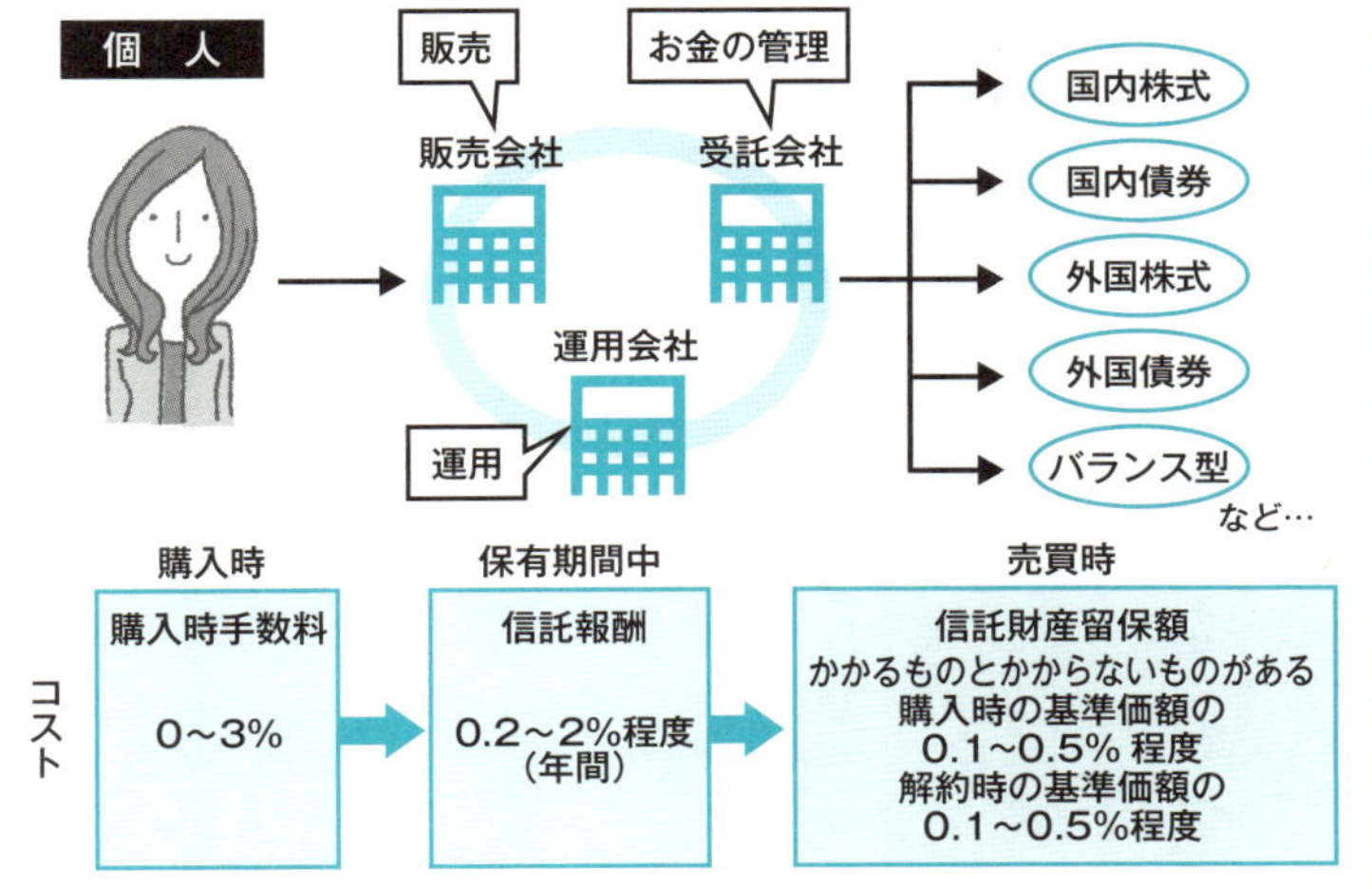

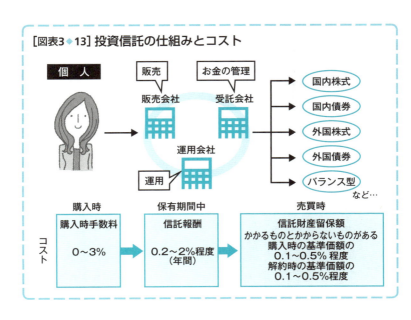

ざっくりいえば、その**インデックス（指数）を構成する銘柄すべてをパッケージ化し、小分けにして販売しているようなイメージ**です。

より高い利益を目指す投信のように、プロの判断で運用されるわけではないので、そのコストがかかっていない分、購入時手数料（無料のものもあり）や運用時にかかる信託報酬などが低く抑えられています。

金融機関によっては、毎日１００円の積み立てで買えるインデックスファンドもあります。また、**ファンド自体が株式市場に上場しているもの（上場投資信託＝ＥＴＦ）**もあるので、非常に気軽につき合える商品といえます。

日経平均株価とＴＯＰＩＸ どちらのインデックスファンドを買うべき？

日本の代表的な株価指数である日経平均株価とＴＯＰＩＸにも、**それぞれに連動したインデックスファンド**があります。

どちらを選べばいいのか迷ってしまいそうですが、私は**「ＴＯＰＩＸ連動型」**のほうを

ミニポイント64

「TOPIX連動型」なら特定の銘柄に影響されにくい

おすすめしています。

前述のように、日経平均株価はその算出法からファーストリテイリングなど一部の銘柄の値動きから強い影響を受けてしまいがちです。

また、上位10社に時価総額1位のトヨタ自動車が入っていないなど、代表選手を順番通り持ちたいと考えると、イメージがちがいます。

TOPIX連動型であれば、**東証一部上場という日本企業の代表選手2100社の株価から算出されていますし、特定の銘柄に影響されることはありません**。より広い意味で、日本企業全体への投資が可能になります［図表3◆14］。

同様の理由で、海外先進国の株価指数連動のファンドを買うのであれば、ダウ

［図表3◆14］指数連動型投資信託の組入銘柄（上位10社）

TOPIX連動型（2100社上位10社）

銘柄	業種
1 トヨタ自動車	輸送用機器
2 三菱UFJフィナンシャル・グループ	銀行業
3 ソニー	電気機器
4 日本電信電話	情報・通信業
5 ソフトバンクグループ	情報・通信業
6 キーエンス	電気機器
7 三井住友フィナンシャルグループ	銀行業
8 本田技研工業	輸送用機器
9 みずほフィナンシャルグループ	銀行業
10 KDDI	情報・通信業

日経平均連動型（225社上位10社）

銘柄	業種
1 ファーストリテイリング	小売業
2 ソフトバンクグループ	情報・通信業
3 ファナック	電気機器
4 KDDI	情報・通信業
5 ユニー・ファミリーマートホールディングス	小売業
6 東京エレクトロン	電気機器
7 テルモ	精密機器
8 ダイキン工業	機械
9 京セラ	電気機器
10 セコム	サービス業

※2018年12月現在。

平均連動ではなく**「MSCIコクサイ・インデックス」**を買うべきでしょう。

この指数は、ダウ平均に含まれないアマゾンやグーグルはもちろんのこと、日本を除く先進国22ヵ国の上場企業の株価から算出しています。

MSCIコクサイ・インデックスに連動したファンドもたくさんありますが、これを1本買うことで、**海外の主要企業に軒並み投資することができる**というわけです。

インデックスファンドで世界中に投資 おすすめはこの6種類！

ひと口にインデックスファンドといっても、数多くの種類がありますが、私たちは［**図表3◆15**］に挙げる代表的な6種類を覚えておけば十分です。

株式関係から挙げていくと、ひとつめは、前項で説明したTOPIXに連動するファンドです。「TOPIX連動型上場投資信託」（野村アセットマネジメント）など複数ありますが、どれも基本的には東証一部市場に上場する日本の優良企業約2100社の株価から算出されるTOPIXに連動した値動きをします。

[図表3◆15] 覚えておきたい6つのインデックス(指数)

※株価指数とは、株式市場全体あるいは特定の銘柄グループの値動きを平均化してひとつの値に集約した目安で、一般的には市場全体の動向を表す。株価指数と同じ動きをするようにつくられている投資信託がインデックスファンドと呼ばれる。機械的に運用しやすいのでコストを低く抑えられる。

指数の名称	対象	銘柄数
◆国内株式指数 TOPIX 東証株価指数	東京証券取引所第一部に上場する国内株全銘柄を対象として算出した指数。 日本の株式市場全体の値動きを表す代表的な株価指数。	約2,100銘柄
◆先進国株式指数 MSCIコクサイ・インデックス MSCIコクサイ指数	日本を除く先進国22ヵ国の上場企業で構成されており、日本以外の先進国に分散投資できる株価指数。 アメリカ、イギリス、ドイツなどが入っており、先進国の85%をカバーしている。	約1,300銘柄
◆新興国株式指数 MSCIエマージング・マーケット・インデックス MSCIエマージング指数	成長が期待できる主要な新興国23ヵ国の上場企業で構成され、新興国に分散投資できる株価指数。 中国や、韓国、インド、ブラジルなどが入っており、新興国の85%をカバーしている。	約930銘柄
◆国内債券指数 NOMURA-BPI 野村債券指数	日本の公募債券流通市場全体の動向を表す指数。 日本の国債、日本の社債に分散投資できる。	約800銘柄
◆先進国債券指数 FTSE世界国債インデックス (除く日本、円換算ベース)	日本を除く先進国23ヵ国の債券の動向を表す指数。日本以外の先進国の国債、社債などに分散投資できる債券指数。 アメリカ、イギリスやドイツなどが入っている。	約700銘柄
◆新興国債券指数 JPモルガン・エマージング・マーケット・ボンド・インデックス JPMエマージング債券指数	米JPモルガン社が提供する新興国38ヵ国に分散投資できる債券指数。 ブラジル、ロシアなどが入っており幅広くカバーしている。	約200銘柄

※組入銘柄数については、三菱UFJ国際投信eMAXISシリーズを参考。

2番めは先ほどのMSCIコクサイ・インデックスに連動するファンドです。これはアメリカ、ドイツ、イギリスなど先進国に本社を置く企業のなかから選ばれた「代表選手」約1300社で構成されています【**図表3◆16**】。

TOPIXやMSCIコクサイ・インデックスに連動したファンドは、NISAの対象にもなっていますから、私たちにもとても買いやすい商品です。

さらにもう1本は、新興国に本社のある約930社の株価を元にした**「MSCIエマージング・マーケット・インデックス」**に連動するファンドです。中国やインド

[図表3◆16] MSCIコクサイ・インデックス連動型投資信託の組入銘柄（上位10社）

	銘柄	国・地域	比率
1	アップル	アメリカ	2.24%
2	マイクロソフト	アメリカ	2.19%
3	アマゾン	アメリカ	1.80%
4	ジョンソン・エンド・ジョンソン	アメリカ	1.02%
5	グーグル（クラスC）	アメリカ	0.98%
6	JPモルガン・チェース	アメリカ	0.97%
7	フェイスブック	アメリカ	0.97%
8	グーグル（クラスA）	アメリカ	0.94%
9	エクソンモービル	アメリカ	0.87%
10	バークシャー・ハサウェイ	アメリカ	0.77%

※対純資産総額比。　組入銘柄数1,308
（出所）「世界経済インデックスファンド」2018年12月月次レポートより

などの有力企業が多く含まれています［**図表3◆17**］。

この3本を持っていれば、**日本・先進国・新興国のなかから選び抜かれた約4300社の株式に分散投資したのと同じ効果を得られる**ことになります。拍子抜けするほど簡単に、世界中の優良企業・有望企業にいっぺんに投資できてしまうのです。

ただ、景気のいいときばかりではありません。不況に弱い株式だけでなく、**国債関係のインデックスファンド**も同時に持つのが安全です。そこで、債券で必須の3種類を紹介しましょう。

ひとつめは、国内債券関係で、

［図表3◆17］MSCIエマージング・マーケット・インデックス連動型投資信託の組入銘柄（上位10社）

	銘柄	国・地域	比率
1	テンセント	ケイマン島	4.72%
2	アリババグループ	ケイマン島	3.75%
3	台湾セミコンダクター	台湾	3.72%
4	サムスン	韓国	3.46%
5	ナスパーズ	南アフリカ	1.82%
6	中国建設銀行	中国	1.61%
7	チャイナモバイル	香港	1.20%
8	中国工商銀行	中国	1.00%
9	リライアンス・インダストリーズ	インド	0.96%
10	中国平安保険	中国	0.94%

※対純資産総額比。　組入銘柄数926
（出所）「世界経済インデックスファンド」2018年12月月次レポートより

野村證券がつくった国内債券市場の代表的指数**「NOMURA‐BPI」**に連動するファンドです。

指数としては、日本の国債、社債約1万5 50銘柄が対象となっていますが、すべてを組み入れるのは難しいため、ファンドによって差はありますが、約800銘柄ほどが運用されています。［図表3◆18］。

2本めが、日本を除く先進国23ヵ国の債券動向を表す**「FTSE世界国債インデックス（WGBI）」**に連動するファンドです。

これはアメリカ、イギリス、ドイツなどの国債、社債およそ700銘柄のパッケージです［図表3◆19］。

最後が**「JPモルガン・エマージング・マーケット・ボンド・インデックス」**に連動するファンドです。メキシコ、ブラジル、イ

［図表3◆18］NOMURA‐BPI連動型投資信託の組入債券と種類

種類	比率
国債	83.15%
地方債	6.39%
政府保証債	2.69%
金融債	0.54%
事業債	5.33%
円建外債	0.49%
MBS	1.34%
ABS	0.07%

残存年数	比率
1年未満	0.05%
1年以上3年未満	20.01%
3年以上7年未満	28.12%
7年以上10年未満	16.05%
10年以上	35.78%

組入銘柄数846

※対現物債券構成比。
（出所）「世界経済インデックスファンド」2018年12月月次レポートより

［図表3◆19］FTSE世界国債インデックス（WGBI）連動型投資信託の組入債券（上位10ヵ国）

	国・地域	比率
1	アメリカ	46.04%
2	フランス	10.09%
3	イタリア	9.00%
4	ドイツ	6.93%
5	イギリス	6.58%
6	スペイン	5.85%
7	ベルギー	2.45%
8	オランダ	2.11%
9	オーストラリア	2.07%
10	カナダ	1.96%

※対現物債券構成比。　組入銘柄数666
（出所）「世界経済インデックスファンド」2018年12月月次レポートより

［図表3◆20］JPモルガン・エマージング・マーケット・ボンド・インデックス連動型投資信託の組入債券（上位10ヵ国）

	国・地域	比率
1	メキシコ	10.29%
2	ブラジル	10.28%
3	インドネシア	9.46%
4	ポーランド	9.42%
5	タイ	8.55%
6	南アフリカ	8.42%
7	コロンビア	7.12%
8	ロシア	7.00%
9	マレーシア	5.76%
10	トルコ	5.30%

※対純資産総額比。　組入銘柄数177
（出所）「世界経済インデックスファンド」2018年12月月次レポートより

ミニポイント65

インデックスファンドは長期投資向き

ンドネシア（中国とインドは除く）などの新興国を幅広くカバーしています［図表3◆20］。

この6本のインデックスファンドを保有することで、**世界中の優良企業およそ4300社と、世界中の国債・社債1700銘柄に同時に投資することができます**。

しかもそれぞれ少額の資金から購入できるので、だれでも投資可能です。

いかがでしょうか？　意外に簡単に世界中に分散投資ができると思いませんか？

「投資」や「運用」といわれると、私たちはつい個別株への投資をイメージしてしまいがちです。そこで株価のチャートを眺めて買い時を探ったり、一攫千金を夢見てベンチャー企業へ投資をしようと、マザーズ銘柄を物色したりする人が多いのです。

マザーズには、イキのいい、伸び盛りの企業が存在するのは事実ですが、反面、成長しきれず、いつしか市場から消えていく企業もあります。

東証一部がプロ野球の一軍なら、マザーズは二軍や独立リーグのようなもの。

マザーズばかりに注目していると、気がついてみたら「知る人ぞ知る」というような選手ばかりを揃えていて、一軍やメジャーリーグで活躍できる選手がまったく存在しない球団をつくるような事態になりかねません。

長期的に見た場合、やはり**コンスタントに勝ち星をもたらしてくれるのは「代表選手」**のほうなのです。

さて、インデックスファンドの優れたところは、代表選手の集団でありながら、その顔ぶれがときどき入れ替わることだと説明しました。

実際にどの程度入れ替わっているのか、世界時価総額ランキングを例に2008年のトップ10と2018年のそれを見くらべてみましょう［**図表3◆21**］。

これを見ると、10社のうち実に8社も入れ替わっていることがわかります。

もしも自分で世界時価総額ランキングのトップ10銘柄を購入し、

[図表3◆21] 入れ替わる世界代表企業

2008年末世界時価総額ランキング

	社名	国	億ドル	時価総額
1	エクソンモービル	アメリカ	3,997	35.9兆円
2	中国石油天然気	中国	2,591	23.3兆円
3	ウォルマート・ストアーズ	アメリカ	2,176	19.5兆円
4	チャイナモバイル	中国	1,968	17.7兆円
5	P&G	アメリカ	1,809	16.2兆円
6	マイクロソフト	アメリカ	1,765	15.8兆円
7	中国工商銀行	中国	1,747	15.7兆円
8	AT&T	アメリカ	1,677	15.1兆円
9	ゼネラル・エレクトリック(GE)	アメリカ	1,666	14.9兆円
10	ジョンソン・エンド・ジョンソン	アメリカ	1,641	14.7兆円

2018年末世界時価総額ランキング

	社名	国	億ドル	時価総額
1	マイクロソフト	アメリカ	7,797	86.5兆円
2	アップル	アメリカ	7,485	82.3兆円
3	アマゾン	アメリカ	7,344	80.7兆円
4	グーグル	アメリカ	7,235	79.5兆円
5	バークシャー・ハサウェイ	アメリカ	5,026	55.2兆円
6	テンセント	中国	3,801	41.8兆円
7	フェイスブック	アメリカ	3,767	41.4兆円
8	アリババグループ	中国	3,525	38.7兆円
9	ジョンソン・エンド・ジョンソン	アメリカ	3,461	38.0兆円
10	JPモルガン・チェース	アメリカ	3,246	35.7兆円

ランキングの変動に合わせて銘柄の入れ替えをしていこうと思ったら、相当な手間が必要です。

インデックスファンドはこれを**自動的に実行してくれるので、手間いらずの商品**です。

ただし、2001年のエンロン、2008年のリーマンブラザーズなど、先進国株式インデックスに採用されている大企業でも、破たんしてしまうことがあります。

その場合にはインデックスも一時的に値下がりしますが、破たんした企業は「代表選手」から外されるため、インデックスそのものは再び上昇することになります。

インデックスは「市場平均通りに運用する」という説明をよく聞きますが、**「代表選手で運用する」という意味もしっかり理解しておくことが、安心運用のヒントになります。**

4つの分野に分散投資して世界経済を自分の資産に取り込もう

国内の株式と債券、外国（先進国）の株式と債券の**4つの分野に分散投資するインデックスファンド**に投資した場合のリターンと、4つの分野それぞれに投資した場合のリターンの結果をまとめてみました［図表3◆23］。

これを見るとわかりますが、順位は常に変動しています。外国株式がいい年もあれば、国内株式がいい年もあります。

そして注目してほしいのが、濃い色で示した4分野に分散投資したケースです。**マイナスになっている年もありますが、大きく落ち込むことはありません。**

というのも、世界中の投資マネーは「景気がよければ株式、景気が悪くなれば債券」という具合に移動することが多く、**4分野のうちどこかのリターンが落ち込めば、ちがう分野ではリターンが増える**という関係にあるからです。

4分野のなかから毎年1位をとる資産を的中させることができればリターンは膨らみますが、実際にそれを当てるのは至難の業です。

プロでもそれができる人は皆無でしょう。

であるなら、**4つの分野に分散投資をして、世界経済の成長をそのまま自分の資産に取り込む選択**をしたほうが、コンスタントに利益を積み上げていくことができます。

分散投資をする場合、心がけてほしいのは、「投資を長期でとらえる」ことです。

「投資は長期保有が原則」とよくいわれるように、個別銘柄を短期間で頻繁に売り買いするのではなく、**じっくり長期で持つことが成功への近道**なのです。これは分散投資を実行する人に、とくに当てはまるセオリーといえます。

[図表3◆22] 一括投資の資産推移（1969年～2018年）

世界時価総額ランキング（1989年12月末）

	社名	国	時価総額
1	NTT	日本	23.4兆円
2	日本興業銀行	日本	10.2兆円
3	住友銀行	日本	9.9兆円
4	富士銀行	日本	9.5兆円
5	第一勧業銀行	日本	9.4兆円
6	IBM	米国	9.2兆円
7	三菱銀行	日本	8.4兆円
8	エクソンモービル	米国	7.8兆円
9	東京電力	日本	7.7兆円
10	ロイヤル・ダッチ・シェル	英国	7.7兆円

平成バブル時は世界時価総額世界一がNTTでした。

世界時価総額トップ10のうち7社が日本企業で1970年の100万円が20年後には2,339万円の23倍に！

世界時価総額ランキング（2018年12月末）

	社名	国	時価総額
1	マイクロソフト	米国	86.5兆円
2	アップル	米国	82.3兆円
3	アマゾン	米国	80.7兆円
4	グーグル	米国	79.5兆円
5	バークシャー・ハサウェイ	米国	55.2兆円
6	テンセント	中国	41.8兆円
7	フェイスブック	米国	41.4兆円
8	アリババ	中国	38.7兆円
9	ジョンソン・エンド・ジョンソン	米国	38.0兆円
10	JPモルガン・チェース	米国	35.7兆円

2018年12月末は世界時価総額世界一がマイクロソフトでした。

世界時価総額トップ10のうち8社が米国企業で1970年の100万円が3,090万円の30倍に！

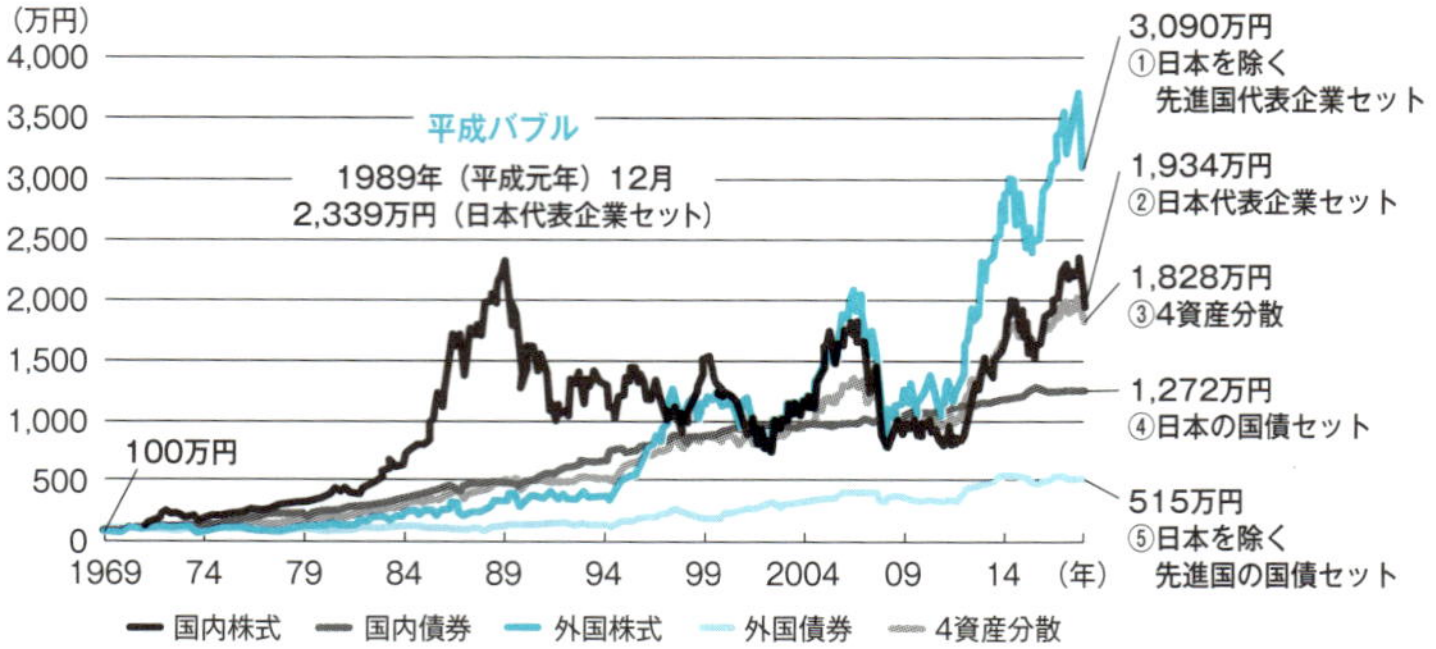

（参照インデックス）
国内株式：Morningstarジャパン（グロス、円ベース）（1998年6月以前は東証一部時価総額加重平均収益率）
国内債券：Morningstarジャパニーズ・ボンド（円ベース）（2001年12月以前は野村BPI総合）
外国株式：Morningstar DM（除く日本）（グロス、円ベース）（1998年6月以前はMSCIコクサイ（グロス、円ベース））
外国債券：FTSE世界国債（除く日本、円ベース）（1984年12月以前はイボットソン・アソシエイツ・ジャパン外国債券ポートフォリオ（円ベース））
4資産分散ポートフォリオ：国内株式、外国株式、国内債券、外国債券の4資産に25%ずつ投資したポートフォリオ、毎月末リバランス
（出所）イボットソン・アソシエイツ・ジャパンのデータから「家計の総合相談センター」が作成

[図表3◆23] 年次リターンの推移（1989年〜2018年）

	1989年	1990年	1991年	1992年	1993年	1994年	1995年	1996年
第1位	外国株式 49.1%	外国債券 6.4%	外国株式 13.5%	国内債券 10.1%	国内債券 12.5%	国内株式 9.1%	外国株式 33.7%	外国株式 38.5%
第2位	外国債券 27.6%	国内債券 2.2%	国内債券 12.0%	外国債券 4.4%	国内株式 11.0%	国内債券 −1.3%	外国債券 25.8%	外国債券 19.6%
第3位	4資産分散 23.9%	外国株式 −8.9%	4資産分散 8.0%	外国株式 2.0%	外国株式 9.3%	4資産分散 −2.9%	4資産分散 18.5%	4資産分散 13.5%
第4位	国内株式 22.8%	4資産分散 −10.5%	外国債券 5.3%	4資産分散 −1.9%	4資産分散 8.6%	外国債券 −9.8%	国内債券 12.0%	国内債券 5.2%
第5位	国内債券 −0.7%	国内株式 −39.4%	国内株式 −0.4%	国内株式 −23.0%	外国債券 −1.3%	外国株式 −10.1%	国内株式 2.1%	国内株式 −6.1%

	1997年	1998年	1999年	2000年	2001年	2002年	2003年	2004年
第1位	外国株式 40.1%	外国株式 8.3%	国内株式 58.7%	外国債券 17.7%	外国債券 17.8%	外国債券 10.3%	国内株式 24.7%	国内株式 11.3%
第2位	外国債券 13.7%	4資産分散 1.9%	4資産分散 11.3%	外国株式 4.7%	国内債券 3.3%	国内債券 3.3%	外国株式 22.1%	外国株式 11.1%
第3位	4資産分散 8.7%	国内債券 0.4%	外国株式 9.1%	国内債券 2.1%	4資産分散 0.8%	4資産分散 −8.2%	4資産分散 12.9%	4資産分散 8.0%
第4位	国内債券 5.7%	外国債券 −0.1%	国内債券 5.4%	4資産分散 −0.8%	外国株式 −1.4%	国内株式 −16.8%	外国債券 5.7%	外国債券 7.3%
第5位	国内株式 −19.4%	国内株式 −4.3%	外国債券 −18.0%	国内株式 −24.8%	国内株式 −16.3%	外国株式 −27.4%	国内債券 −0.9%	国内債券 1.2%

	2005年	2006年	2007年	2008年	2009年	2010年	2011年	2012年
第1位	国内株式 46.1%	外国株式 24.5%	外国債券 4.5%	国内債券 3.7%	外国株式 39.7%	国内債券 2.3%	国内債券 2.1%	外国株式 32.4%
第2位	外国株式 25.5%	外国債券 10.0%	外国株式 4.1%	外国債券 −15.5%	4資産分散 14.1%	国内株式 1.1%	外国債券 0.2%	国内株式 21.2%
第3位	4資産分散 19.8%	4資産分散 9.5%	国内債券 2.6%	4資産分散 −28.7%	国内株式 9.1%	外国株式 −0.9%	4資産分散 −6.0%	外国債券 20.4%
第4位	外国債券 10.1%	国内株式 3.8%	4資産分散 0.1%	国内株式 −41.5%	外国債券 7.4%	4資産分散 −2.2%	外国株式 −9.7%	4資産分散 19.0%
第5位	国内債券 0.8%	国内債券 0.3%	国内株式 −10.9%	外国株式 −52.5%	国内債券 0.9%	外国債券 −12.7%	国内株式 −17.0%	国内債券 2.0%

	2013年	2014年	2015年	2016年	2017年	2018年
第1位	外国株式 55.7%	外国株式 21.0%	国内株式 11.3%	外国株式 5.8%	国内株式 21.2%	国内債券 1.0%
第2位	国内株式 54.6%	外国債券 16.4%	4資産分散 1.9%	国内債券 3.3%	外国株式 18.7%	外国債券 −4.5%
第3位	4資産分散 32.3%	4資産分散 13.2%	国内債券 1.2%	4資産分散 2.1%	4資産分散 10.9%	4資産分散 −7.2%
第4位	外国債券 22.7%	国内株式 10.5%	外国株式 −1.0%	国内株式 0.5%	外国債券 4.7%	外国株式 −10.7%
第5位	国内債券 2.2%	国内債券 4.7%	外国債券 −4.5%	外国債券 −3.0%	国内債券 0.2%	国内株式 −15.1%

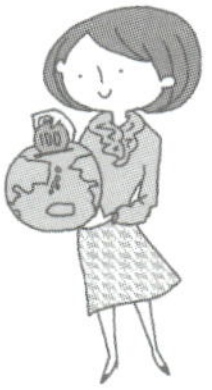

（出所）イボットソン・アソシエイツ・ジャパン

[図表3◆24] 積立投資の資産推移（1970年〜2018年）

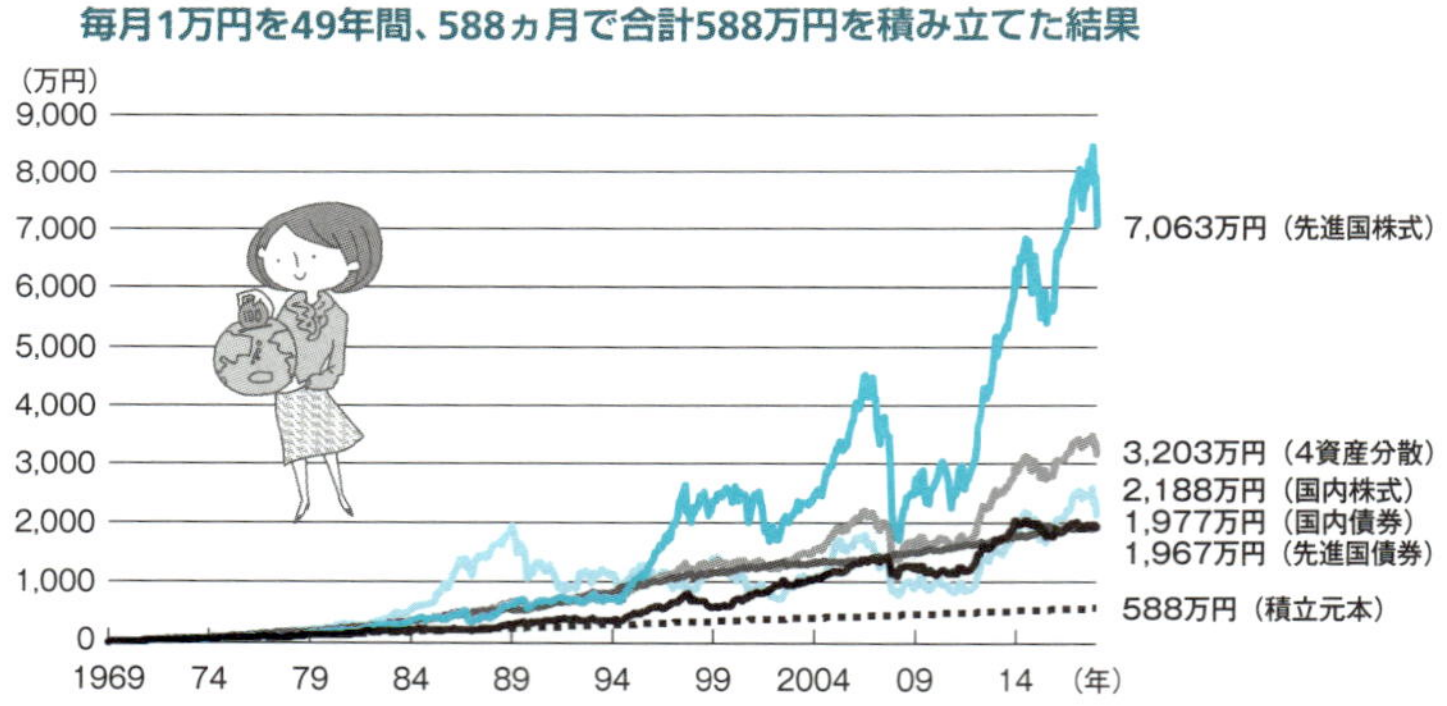

1969年12月末より、毎月末1万円ずつ積立投資した際の、各資産クラスの推移
（出所）イボットソン・アソシエイツ・ジャパン

[図表3◆25] 積立投資の資産推移（1989年〜2018年）

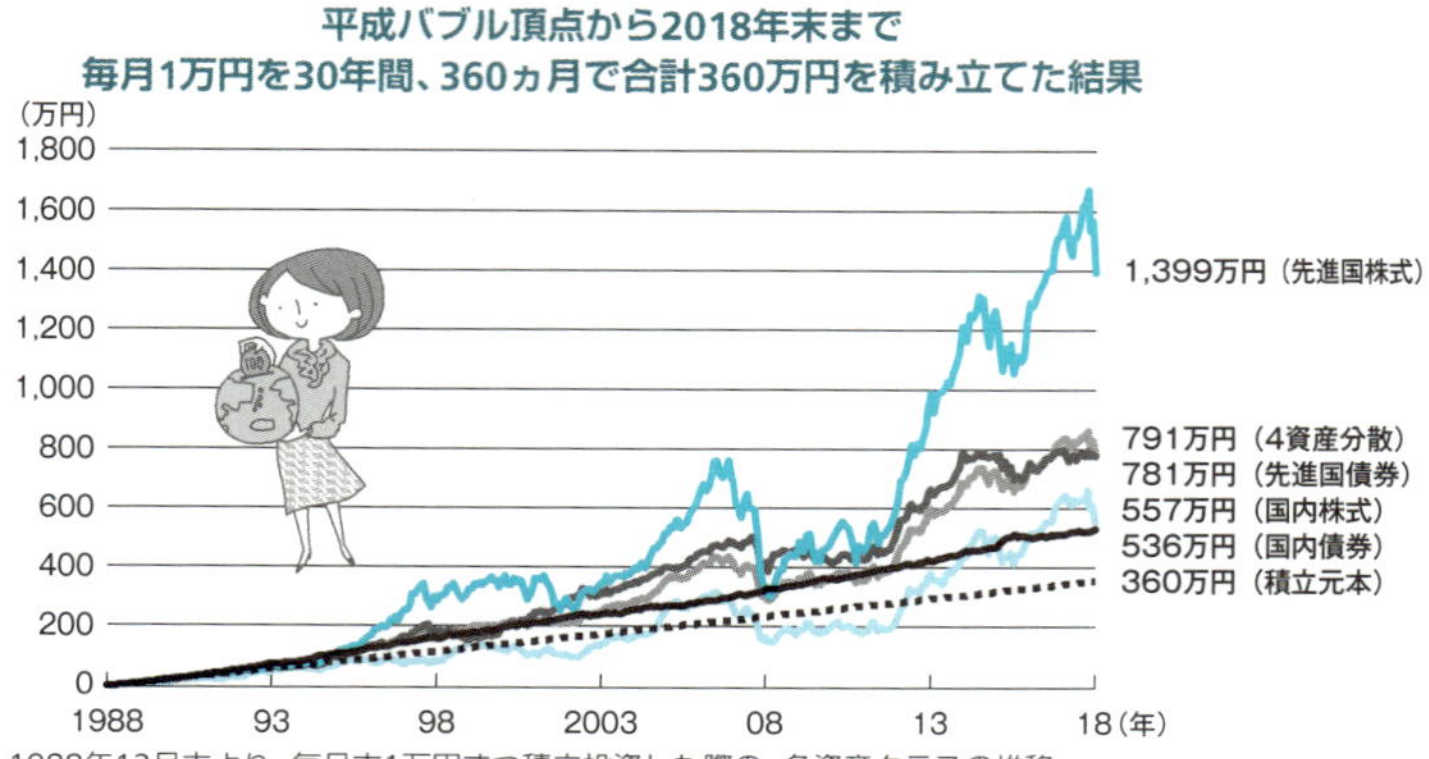

1988年12月末より、毎月末1万円ずつ積立投資した際の、各資産クラスの推移
（出所）イボットソン・アソシエイツ・ジャパン

[図表3◆26] 積立投資の資産推移〔4資産〕（2007年～2018年）

リーマンショック直前頂点から2018年末まで
毎月1万円を12年間、144ヵ月で合計144万円を積み立てた結果

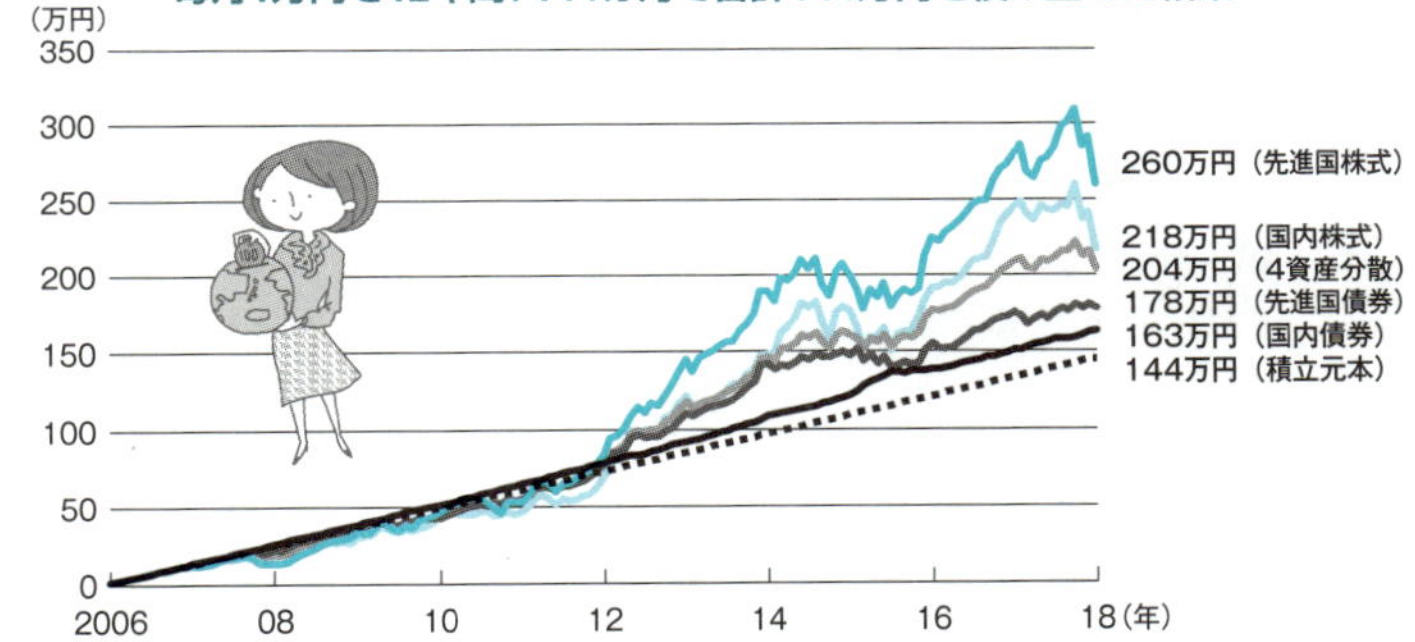

2006年12月末より、毎月末1万円ずつ積立投資した際の、各資産クラスの推移
（出所）イボットソン・アソシエイツ・ジャパン

[図表3◆27] 積立投資の資産推移〔6資産〕（2007年～2018年）

リーマンショック直前頂点から2018年末まで
毎月1万円を12年間、144ヵ月で合計144万円を積み立てた結果

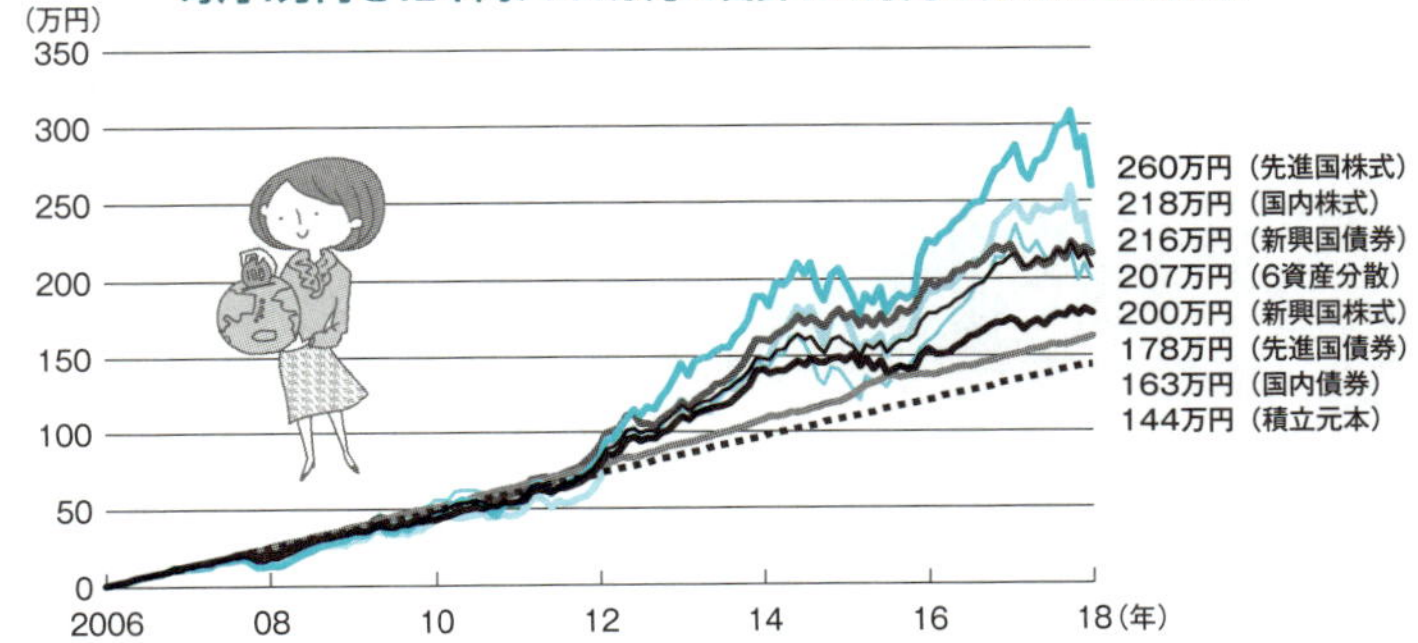

2006年12月末より、毎月末1万円ずつ積立投資した際の、各資産クラスの推移
（出所）イボットソン・アソシエイツ・ジャパン

［図表3◆28］と**［図表3◆29］**は、1年単位での投資結果と、10年間保有した場合の投資結果です。

　ここでは、1970年から2017年までの数字をまとめていますが、1年単位の運用では運用成績が振るわない年もあり、48回中14回は元本割れを起こしています。

　ところが、**10年単位での投資だと、元本割れを起こした回数はゼロです**。リターンの額

［図表3◆28］4資産分散ポートフォリオの効果（1年保有）

・分散投資でも1年間だけで見るとリターンがマイナスになることがあります。分散＋長期投資で解決しましょう。
・下の図は、100万円を国内株式、国内債券、外国株式、外国債券の4資産に25%ずつ投資し、1年間保有した場合の運用成果です。
・1年間の運用成績を見ると、100万円の投資元本を割り込んでしまった年がいくつかあることがわかります。

平均　107万円
最大　132万円
最小　 71万円

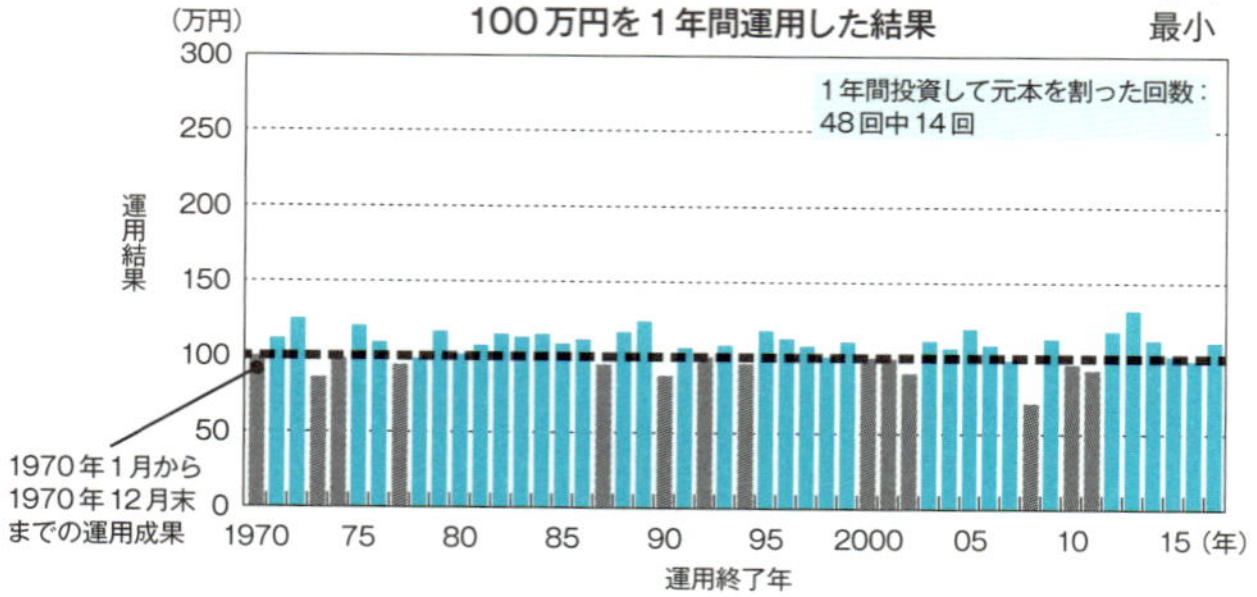

※投資比率は毎月末にリバランス。
（出所）国内株式：東証一部時価総額加重平均収益率　外国株式：MSCIコクサイ（グロス、円ベース）　国内債券：野村BPI総合　外国債券：1984年12月以前はイボットソン・アソシエイツ・ジャパン外国債券ポートフォリオ（円ベース）、1985年1月以降はFTSE世界国債（除く日本、円ベース）　4資産分散ポートフォリオ：国内株式、外国株式、国内債券、外国債券の4資産に25%ずつ投資したポートフォリオ、毎月末リバランス

ミニポイント66

4つの資産をバランスよく保有すれば世界経済の成長に合わせて運用できます

にしても、1年単位が元本100万円で平均107万円なのに対し、10年保有の場合は185万円と、その差は歴然です。

性急にリターンを求めるよりも、じっくりゆったりかまえたほうが、最終的にはいい結果を呼び込むことができるのです。

[図表3◆29] 4資産分散ポートフォリオの長期投資の効果（10年保有）

・下の図は、100万円を国内株式、国内債券、外国株式、外国債券の4資産に25%ずつ投資し、10年間保有した場合の運用成果です。
・10年間の運用成績を見ると、100万円の投資元本を割り込んだことはありませんでした。
・1年ごとに見ると大きな利益が出ている年と、大きな損失が出ている年がありますが、投資期間を延ばしていくと、良い年と悪い年の運用成果は相殺され、投資期間全体で見ると収益が積み上がっていきます。

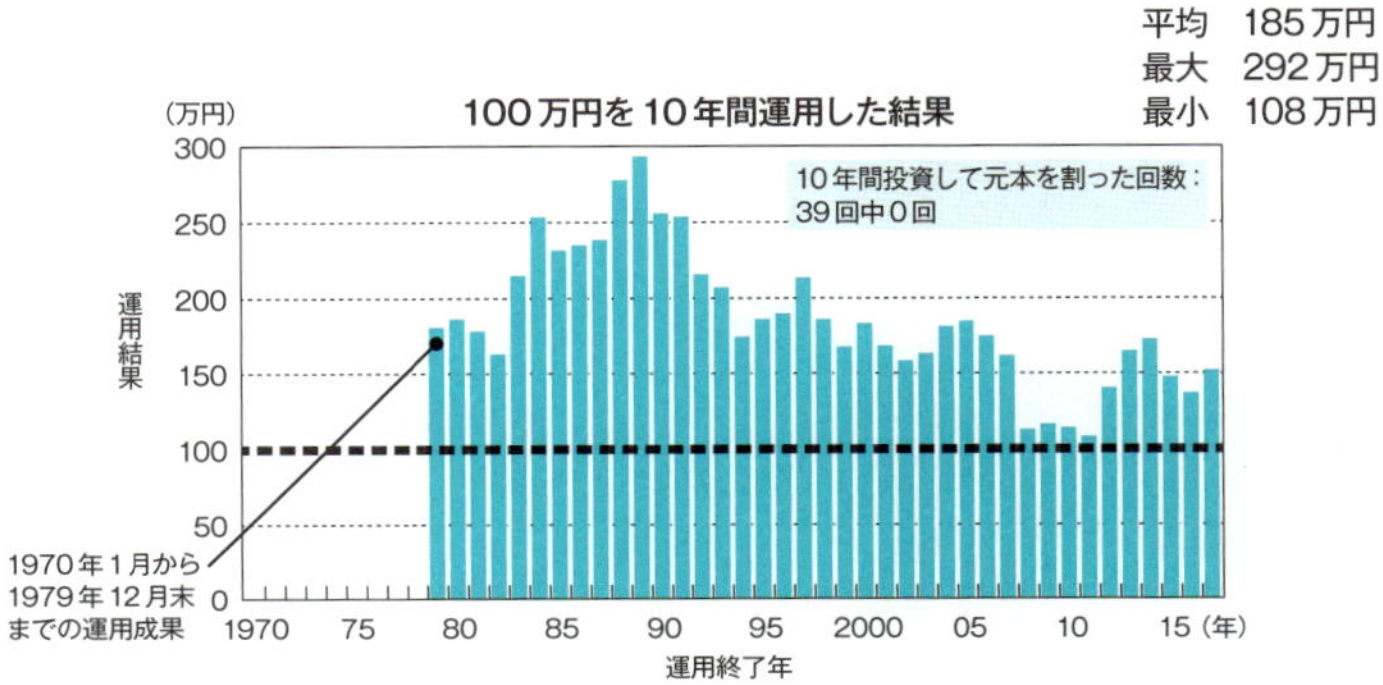

※投資比率は毎月末にリバランス。
(出所) 国内株式：東証一部時価総額加重平均収益率　外国株式：MSCIコクサイ（グロス、円ベース）　国内債券：野村BPI総合　外国債券：1984年12月以前はイボットソン・アソシエイツ・ジャパン外国債券ポートフォリオ（円ベース）、1985年1月以降はFTSE世界国債（除く日本、円ベース）　4資産分散ポートフォリオ：国内株式、外国株式、国内債券、外国債券の4資産に25%ずつ投資したポートフォリオ、毎月末リバランス

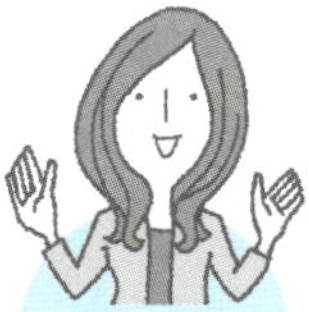

「まとめてドン」より「コツコツ積み立て」でリスクを減らす

いよいよ、実際に投資をはじめる段階にきました。

ここで問題となるのは、**大切なお金をどのように投じていくか**です。

ここまで本書をお読みいただけたのであれば、「自分ならこの銘柄に投資してみたい」とか、「4分野のインデックスファンド投資に興味がわいてきた」といった感想を持たれるかもしれません。

そして、まとまった投資資金があるなら、その資金を目当ての商品にドンとつぎ込みたいと考えるかもしれません。

しかし、その方法はあまりおすすめできません。

投資を成功させる鉄則は「安値で買って、高値で売る」ことといわれています。

絶好の買いのタイミングを察知し、まとまった資金を投じれば、たしかに多くのリターンを期待できます。このような投資スタイルを**「タイミング投資」**と呼びます。

しかし、日々仕事をしたり、家庭を切り盛りしたりする私たちにとって、**絶好のタイミングをとらえるのは、なかなか容易なことではありません。**

そこで私は、積立預金のような感覚で、たとえば1ヵ月ごとにコツコツ投資する**「積立投資」**をおすすめしています。

値動きのある商品は、少しずつ資金を投じていかないと、思わぬ損を被ることもあります。あわてず、ゆっくりスタートしてください。

[図表3◆30]に、毎月1万円を4資産に分散投資した場合のグラフを掲載しました。

1969年12月から

[図表3◆30] 長期投資の効果（毎月1万円の積立投資）

・積立投資によって投資する時期の分散も図りましょう。

・下のグラフは、4資産分散ポートフォリオに1969年12月末から毎月1万円ずつ積立投資を行った資産価値の推移を示しています。

・積立投資を開始してから数年間は、積立額に対する運用の影響はあまりありませんでしたが、長期になればなるほど影響が大きくなってくることがわかります。

4資産分散ポートフォリオに積立投資した場合の推移
1969年12月～2017年12月

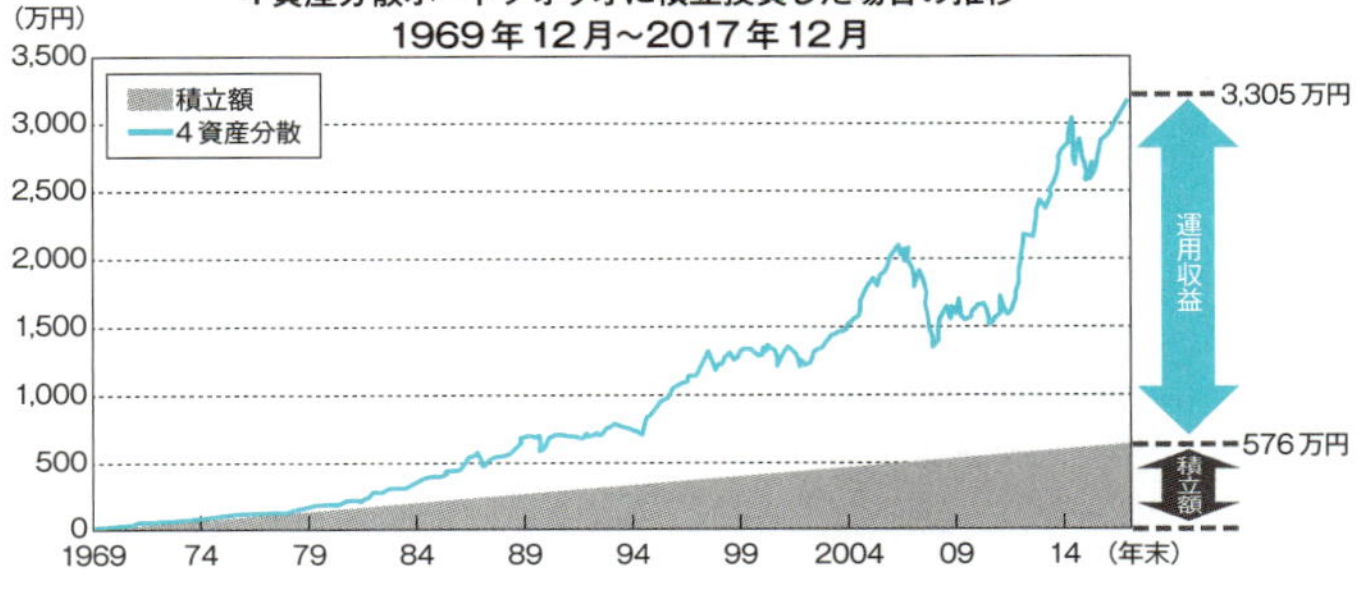

※1969年12月末から毎月1万円ずつ積立投資した場合の資産額の推移。

（出所）国内株式：東証一部時価総額加重平均収益率　外国株式：MSCIコクサイ（グロス、円ベース）　国内債券：野村BPI総合　外国債券：1984年12月以前はイボットソン・アソシエイツ・ジャパン外国債券ポートフォリオ（円ベース）、1985年1月以降はFTSE世界国債（除く日本、円ベース）　4資産分散ポートフォリオ：国内株式、外国株式、国内債券、外国債券の4資産に25%ずつ投資したポートフォリオ、毎月末リバランス

２０１７年12月までのデータですから、丸48年間の投資結果です。積み立てた総額は５７６万円ですが、そこから得られた運用収益と元本の合計は３３０５万円にもなっているのです。
これをみれば**「コツコツ、ゆっくり、長期保有」投資の力**が、わかっていただけるのではないでしょうか。

忘れてしまってはもったいない！ 目覚ましい成長を遂げる新興国への投資

国内の株式・債券、そして先進国の株式・債券の４分野への投資を前提に、ここまで解説を進めてきました。

ここからは、**新興国**にも目を向けてみましょう。世界経済のなかで、新興国の存在感は年々大きくなってきています。

１９７５年に日本、アメリカ、ドイツ、イギリス、フランスの５ヵ国ではじまった「先進国首脳会議」（Ｇ５）は、その後イタリア、カナダが加わってＧ７、さらにロシアが加わ

ミニポイント67

ハイリスクハイリターンの新興国投資はインデックスファンドで分散投資

りG8（「主要国首脳会議」）となりました。

現在では、オーストラリア、韓国と、**アルゼンチン、ブラジル、中国、インド、インドネシア、メキシコ、サウジアラビア、南アフリカ、トルコの新興国**、そしてヨーロッパ連合が加わり、**G20（「20ヵ国・地域首脳会合」）**へと変貌してきました。

G20が定期的に開催されるようになったのは2008年のリーマンショックの直後からですが、このとき日本や欧米先進国よりも財政に余裕があった中国は、4兆元（57兆円）もの景気対策の実施を発表。これが世界的なリーマンショックの緩和にずいぶん役立ちました。

このことが示すように、もはや新興国のパワーを無視することはできません。世界各国のGDPの伸びを見てみると、**先進国よりも新興国の伸びのほうが急激**なのがわかります。この成長力を見逃す手はありません。

そうはいっても、新興国の優良銘柄を個別に物色するのは難しく、そこで利用するのはやっぱりインデックスファンドということになります。

新興国株式インデックスファンドは、国内の運用会社から複数組成されています。韓国のサムスン、中国のチャイナモバイル、アリババ、テンセントなど、日本の新聞にも取り上げられるような有名どころも多く含まれています。

新興国の国債をまとめたインデックスファンドもあります。トルコ、マレーシア、メキシコ、インドネシアなどなど。成長力は旺盛ですが、財政基盤が弱い新興国もあります。

どこか一国に集中投資するのは危険ですが、インデックスファンドなら多数の国に分散投資できるため、リスクをぐっと小さくできます。

たったひとつで日本、先進国、新興国にまとめて投資

国内の株式・債券、先進国の株式・債券、そして新興国の株式・債券と、6つの分野にインデックスファンドで投資するとリスクも少なく、世界の経済成長のリターンも享受することができます。

できれば、6つすべてに投資したいものです。

その際、自分でそれぞれの分野のインデックスファンドを選び、資金を振り分ける方法もあるのですが、もっと簡単に分散投資できる方法もあります。

三井住友トラスト・アセットマネジメントが組成している**「世界経済インデックスファンド」のような投信**を購入するのです［**図表3◆31**］。

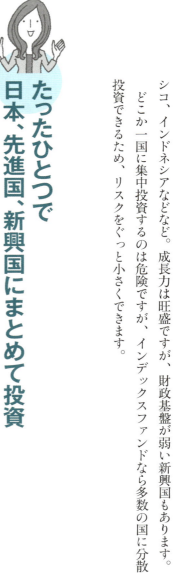

[図表3◆31] 世界経済インデックスファンドの特徴

特徴1＝GDPの割合で資産割合を決定

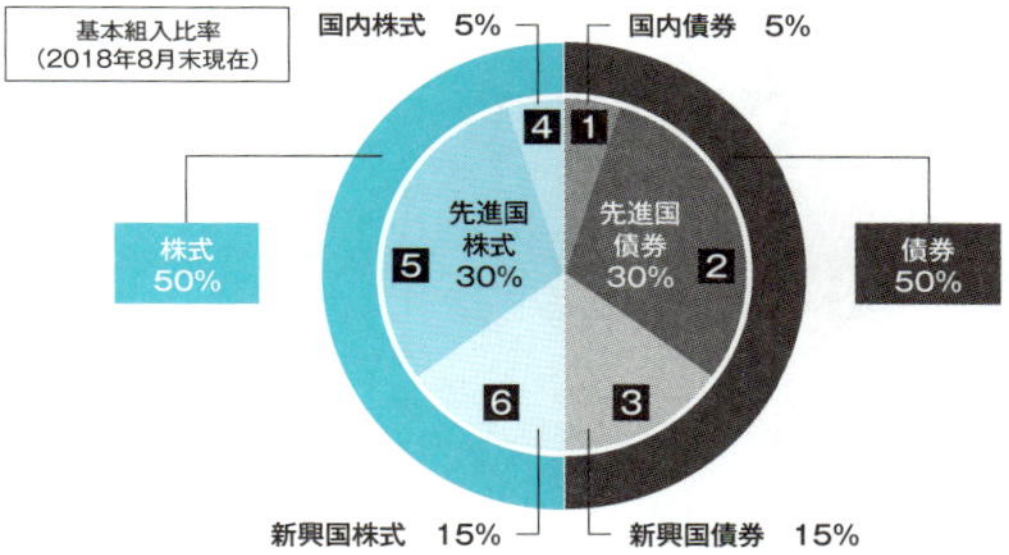

●基本組入比率には一定の変動幅を設けます。
●基本組入比率は原則として年1回見直しを行う場合があります。また、市場動向等に応じて必要と認める場合には、一定のかい離幅の範囲内で組入比率を調整する場合もあります。

資産	
1 国内債券	ノムラ・ボンド・パフォーマンス・インデックス(総合)(NOMURA-BPI総合)
2 先進国債券	FTSE世界国債インデックス(除く日本、円ベース)
3 新興国債券	JPモルガン・ガバメント・ボンド・インデックス―エマージング・マーケット・グローバル・ディバーシーファイド(円換算ベース)
4 国内株式	東証株価指数(TOPIX)
5 先進国株式	MSCIコクサイ・インデックス(円ベース)
6 新興国株式	MSCIエマージング・マーケット・インデックス(円換算ベース)

特徴2＝1年に1回GDPの割合で見直しやリバランス

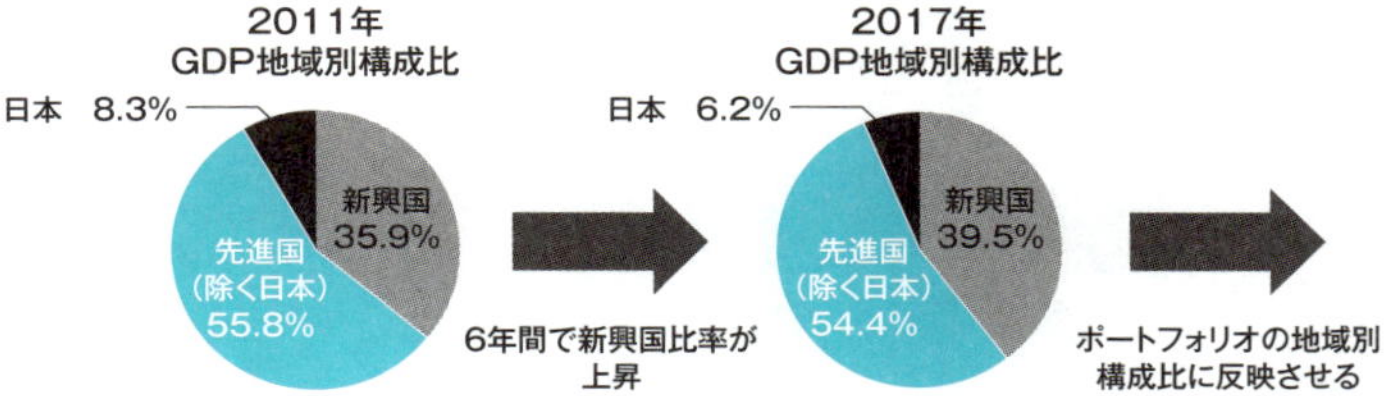

ミニポイント 68

「世界経済インデックスファンド」は1本で世界経済に連動した運用が可能

この商品は、投資金額を株式と債券に50%ずつ振り分け、さらにそのなかでGDP構成比に応じて、日本国内、先進国、新興国へと分散して投資をする商品で、**これ1本で前述の6分野すべてをカバー**できます。

投資をする私たちが、この世界インデックスファンドを購入すると、そのファンドを通じて、6分野それぞれのインデックスファンドに投資する仕組みになっています。

GDP構成比に従って投資されることから、基本的に国内株式は5%、国内債券は5%という割合で、残り9割が外貨での運用になります。

初心者の人は、そこで少々尻込みをしてしまうかもしれませんが、世界中へ分散投資されているわけですから、過度にリスクを恐れる必要はありません。

さらにこのファンドが優れているのは、1年に1回、日本、それ以外の先進国、新興国のGDPの割合が変わったときには、それに応じて投資比率を変えてくれる点です。

これを1本持っていれば、GDPの推移に従って自分の資産を構築できるのです。おじいちゃん、おばあちゃんになるまで、ずっと持っていたいファンドのひとつだと、私は考えています。

おすすめは定期的に投資先のバランスを調整してくれる「バランスファンド」

前項で紹介した「世界経済インデックスファンド」のような投資信託は、**「バランスファンド」**と呼ばれる金融商品のひとつです。

バランスファンドとは、**株や債券など複数の資産へ投資する投資信託**のことです。世界経済インデックスファンドを例にとれば、株式と債券はそれぞれ50％の割合になっています。

もしも、みなさんが株と債券で半分ずつ運用するバランスファンドに手持ち資金200万円を投じたとすると、運用会社は100万円を株式で、残り100万円を債券で運用することになります。

しかし、経済は常に動いていますから、しばらく時間がたつと、債券の価値は100万円のままだけれど、株式の価値は150万円に増えているという場合もあります。こうなると、株と債券の価値は均等ではなくなってしまいます。

そこでバランスファンドでは、**定期的に従来の設定どおりの割合（この場合は株式50％、債券50％）に調整する**のです。これを**「リバランス」**と呼んでいます。

株が上がったときにはその一部を売却し、債券を買い増しします。逆に、株が下がって

ミニポイント69

リバランスは値動きによって偏ったバランスを調整すること

いるときには、債券の一部を売って株を買います。

通常、株式と債券は一方が上がれば、もう一方が下がるという関係にありますので、リバランスは「高値で株を売り安値で債券を買う」行為と、「高値で債券を売り安値で株を買う」行為を繰り返すということでもあります。

これを自分でやろうとすればかなりの手間ですが、運用会社が自

[図表3◆32] リバランスの効果

下の図は、国内株式、国内債券、外国株式、外国債券の 4 資産分散ポートフォリオにおけるリバランス頻度を変更した場合（毎月リバランス、3 年ごとリバランス、リバランスなし）の資産額と各ポートフォリオの構成比率の推移。

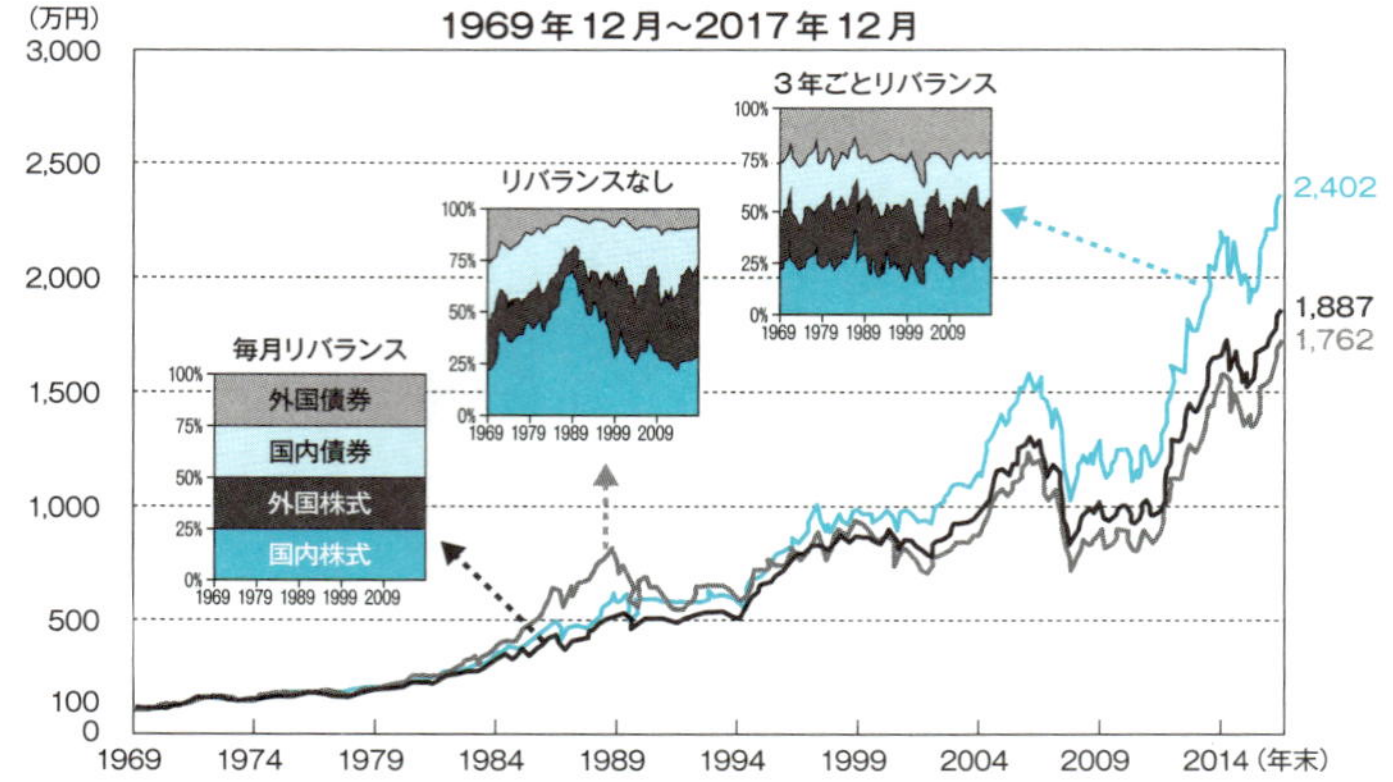

※1969年12月末に100万円を投資した場合の資産額の推移を示している。

（出所）国内株式：東証一部時価総額加重平均収益率　外国株式：MSCIコクサイ（グロス、円ベース）　国内債券：野村BPI総合　外国債券：1984年12月以前はイボットソン・アソシエイツ・ジャパン外国債券ポートフォリオ（円ベース）、1985年1月以降はFTSE世界国債（除く日本、円ベース）　4資産分散ポートフォリオ：国内株式、外国株式、国内債券、外国債券の4資産に25%ずつ投資したポートフォリオ

動的にやってくれるというのも、「バランスファンド」の優れた点です。

このように、リバランスはリスクを減らしながら着実に利益を上げていくのに適した仕組みになっています。［図表3◆32］は、リバランスがどれだけの効果を生むのかをグラフで示したものです。

1969年12月に、国内株式、国内債券、外国株式、外国債券の4分野に資金を25％ずつ均等に投資したとするケースです。100万円をリバランスなしで運用した場合、2017年12月時点で1762万円に増えています。

しかし、毎月ごとにリバランスした場合は1887万円、3年ごとの場合は2402万円と、明らかにリバランスの効果があったことがわかります。

アクティブファンドがインデックスファンドに勝てない理由

これまで見てきたように、長期でコツコツ資産を増やしていこうとする私たちには、**インデックスファンドを組み合わせたバランス型ファンド**がピッタリです。

ところが不思議なことに、世の中で売れている投資信託はまったくちがうタイプのものであることが多いのです。

投信の純資産残高ランキング**［図表3◆33］**を見ると、トップ10すべてがアクティブファンドです。アクティブファンドとは、日経平均株価などの株価指数を上回るパフォーマンスを目指すものです。**目指すリターンが大きいため、その分リスクも大きくなります。**

［図表3◆33］投信の純資産残高ランキング

1～50件 / 1599件中　　※純資産残高50億円以上のみ

No.	名称・投信コード	利益(リターン)	リスク(最大損失率)	純資産残高(百万円)	資金流出入(百万円)	掲示板
1	フィデリティ・USハイ・イールドF 国際債券	+0.47%	-7.24%	671,851	-16,097	
2	フィデリティ・USリートB(H無) 国際REIT	+2.73%	-16.79%	661,962	-8,785	
3	新光 US-REITオープン 国際REIT	+1.57%	-14.79%	615,762	-9,698	
4	ピクテ・グローバル・インカム株式(毎月分配) その他	-3.05%	-14.69%	589,747	5,196	
5	ひふみプラス その他	-4.94%	-12.02%	587,716	6,148	
6	ダイワ・US-REIT(毎月決算)B為替H無 国際REIT	+3.60%	-15.51%	548,053	-1,629	
7	ラサール・グローバルREIT(毎月分配型) その他	+5.18%	-12.06%	525,233	-5,423	
8	(ダイワFW)日本債券セレクト 国内債券	+0.39%	-0.36%	509,522	3,963	
9	東京海上・円資産バランスファンド(毎月) その他	+0.87%	-0.70%	476,667	12,183	
10	グローバル・ソブリン・オープン(毎月決算型) その他	-2.65%	-5.60%	457,583	-5,623	

※2018年12月現在。
（出所）Yahoo!ファイナンス（https://finance.yahoo.co.jp/）より

10位にランクインしている「グローバル・ソブリン・オープン」、通称「グロソブ」は、毎月分配型という特徴が人気を博して大ヒットした商品でしたが、分配金が少なくなったため、規模がずいぶん小さくなりました。

一方で、大きく成長しているのが**ETF**です。日経平均やTOPIXに連動したETFは、投資信託1位の10倍以上の規模になっています。

ETFは手数料も安く、日本経済の「代表チーム」ですので、長期保有をすればそれなりのリターンを期待できます。しかし、実際の利用のされ方を見ると、短期の売買目的で買われているケースがかなり多いようです。

新聞やマネー雑誌では、投資信託の人気ランキングがよく掲載されますが、**人気のある投信が必ずしもいいリターンをもたらしてくれるわけではありません**。

アクティブファンドは一般的に、**販売会社が受け取る手数料が高い**ため、売る側も積極的にセールスします。一方インデックスファンドは、**購入時手数料や信託報酬（運営管理費用）が低い**ため、それほど販売に力を入れないのです。

【図表3◆34】を見てください。**アクティブ型のファンドの運用実績は、株価指数などのベンチマークに連動するパッシブ型のインデックスファンドを上回れない**のが現実です。

投資のプロが運用しているのに、どうしてTOPIXを上回れないのでしょうか。

その理由として、まずはコスト高が挙げられます。

ミニポイント70

短期的な値動きの激しさよりも最終的には長期的な安定がものをいいます！

さらに、ＴＯＰＩＸ自体が日本経済の代表選手の集団であることです。**1年、2年という短期では勝つことができても、長期になると代表選手の集団には勝てない**ということです。

「人気があるから」「みんなが買っているから」ということで、アクティブファンドに期待を寄せすぎると、そのリターンにがっかりすることになりかねません。

[図表3◆34] アクティブファンドがTOPIXを上回った割合

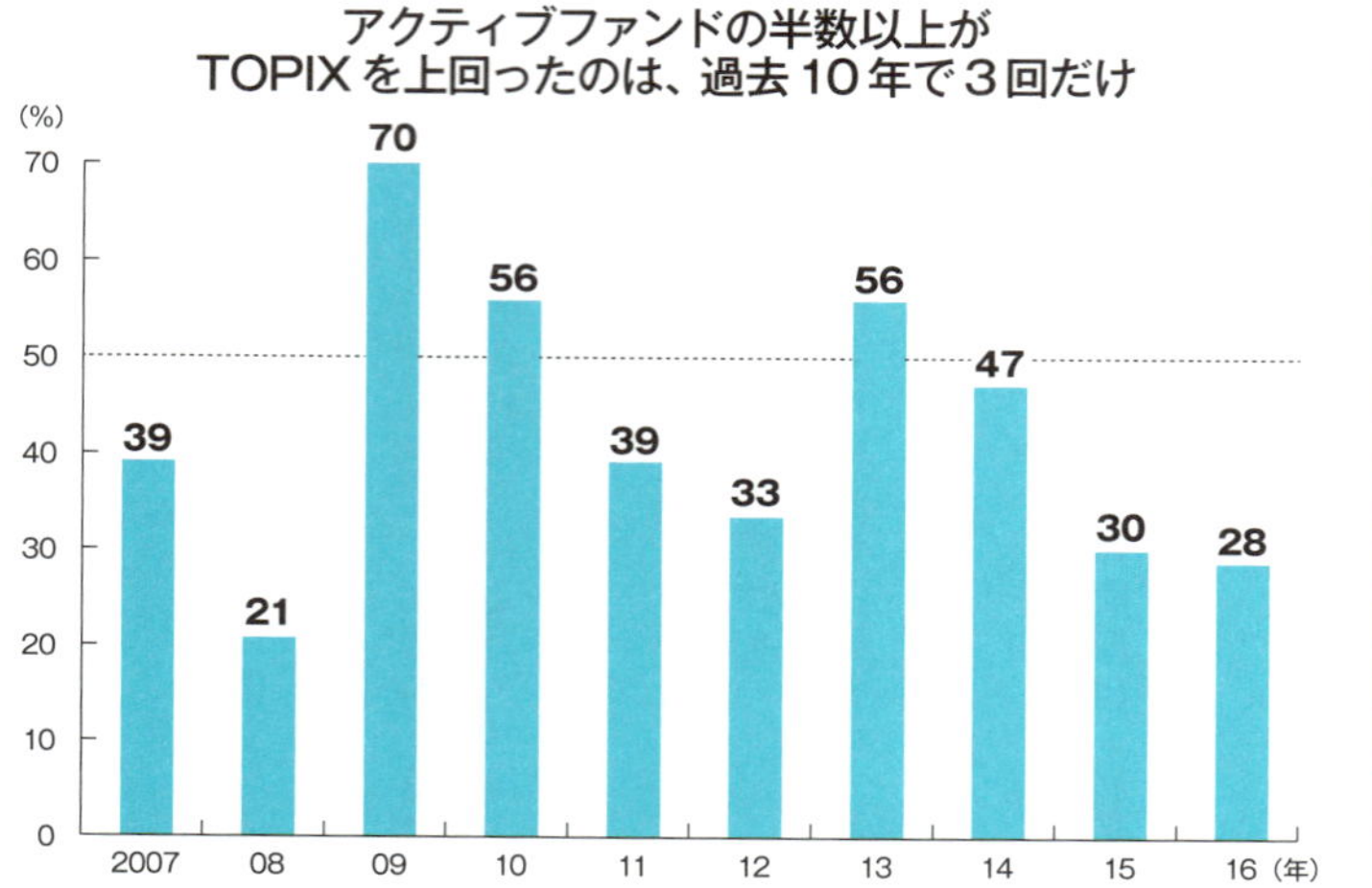

※国内公募追加型株式投信（確定拠出年金およびファンドラップ専用ファンド含む）。
※2016年12月末時点でモーニングスターカテゴリー「大型グロース」「大型ブレンド」「大型バリュー」に属するアクティブファンド。
※ベンチマークは「TOPIX」（配当込み）。

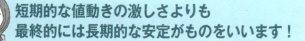

私たちの大切な年金もバランスファンドで運用されている

私たちの老後の備えとなってくれる大切な年金。その資金はどうやって運用されているのかご存じですか？

じつは、**インデックスファンドを中心としたバランス型の運用**なのです。

日本の公的年金の運用資産残高は160兆円（2018年3月末）にも上り、世界最大の機関投資家となっています。

その運用を担当しているのが**「年金積立金管理運用独立行政法人（略称・GPIF）」**です。

このGPIFも、いうなれば巨大な「バランス型ファンド」です【図表3◆35】。

年金資金は2014年10月まで、市場運用においては国内債券60％、国内株式12％、外国債券11％、外国株式12％、短期資産5％という配分を基本に運用されていました（市場運用のほかに財投債での運用もあります）。

【図表3◆36】に、GPIFの前身である年金資金運用基金が運用を開始した2001年度からの運用実績をグラフにしてみました。単年度では赤字運用の年もありますが、長期で見れば運用実績は着実に上がっています。

[図表3◆35] 私たちの年金の運用内容

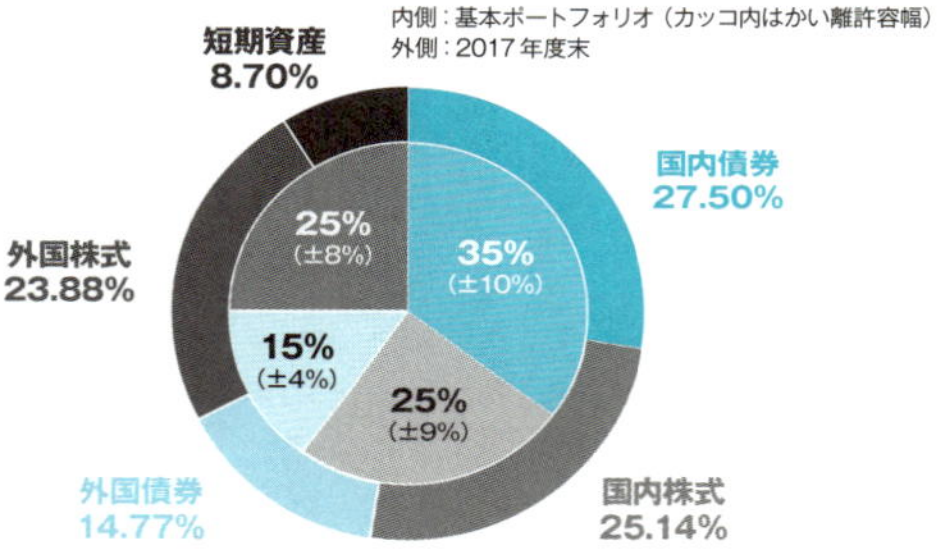

外国株式保有銘柄（時価総額順）

No.	銘柄名	時価総額
1	アップル	7,333億円
2	マイクロソフト	5,992億円
3	アマゾン	5,651億円
4	フェイスブック	3,468億円
5	JPモルガン・チェース	3,380億円
6	ジョンソン・エンド・ジョンソン	3,103億円
7	グーグル（クラスC）	3,010億円
8	バンク・オブ・アメリカ	2,817億円
9	グーグル（クラスA）	2,756億円
10	テンセント	2,651億円
計	2,793銘柄	38兆3,174億円

国内債券保有銘柄　発行体別（時価総額順）

No.	発行体名	時価総額
1	日本国	37兆755億円
2	日本高速道路保有・債務返済機構	8,944億円
3	地方公共団体金融機構	5,981億円
4	住宅金融支援機構	4,247億円
5	地方公共団体（共同体）	3,374億円
6	東京都	2,640億円
7	神奈川県	1,072億円
8	愛知県	1,009億円
9	大阪府	978億円
10	東京電力ホールディングス	963億円
計	506発行体	44兆4,845億円

外国債券保有銘柄　発行体別（時価総額順）

No.	発行体名	時価総額
1	米国債	6兆9,837億円
2	イタリア国債	1兆9,797億円
3	フランス国債	1兆9,279億円
4	スペイン国債	1兆3,246億円
5	ドイツ国債	1兆2,566億円
6	イギリス国債	1兆1,019億円
7	メキシコ国債	4,799億円
8	ベルギー国債	4,705億円
9	オーストラリア国債	3,582億円
10	カナダ国債	3,546億円
計	2,700発行体	23兆5,818億円

国内株式保有銘柄（時価総額順）

No.	銘柄名	時価総額
1	トヨタ自動車	1兆3,780億円
2	三菱UFJフィナンシャル・グループ	7,802億円
3	三井住友フィナンシャルグループ	5,976億円
4	日本電信電話	5,919億円
5	本田技研工業	5,892億円
6	ソフトバンクグループ	5,269億円
7	キーエンス	5,166億円
8	ソニー	5,103億円
9	みずほフィナンシャルグループ	4,451億円
10	KDDI	4,205億円
計	2,321銘柄	40兆4,653億円

（出所）GPIF2017年度業務概況書より家計の総合相談センター作成

年金は、国内債券、国内株式、外国債券、外国株式のそれぞれの分野で、パッシブファンドとアクティブファンドを織り交ぜながら運用されています。私たち国民の大切な年金資金ですから、目減りさせることなく、着実に増やしていく必要があるわけで、そのためにＧＰＩＦが選んだのが、**バランスファンドでの運用**です。

日本の公的年金の運用は、本書でおすすめしてきた、「長期・積立・世界まるごと分散投資」を実践しています。国内債券・国内株式・外国債券・外国株式と４つに分散しています。

以前はアクティブが中心でしたが、近年はインデックスファンドがメインになっています【**図表3◆37**】。

[図表3◆36] 市場運用開始（2001年）後の累積収益額

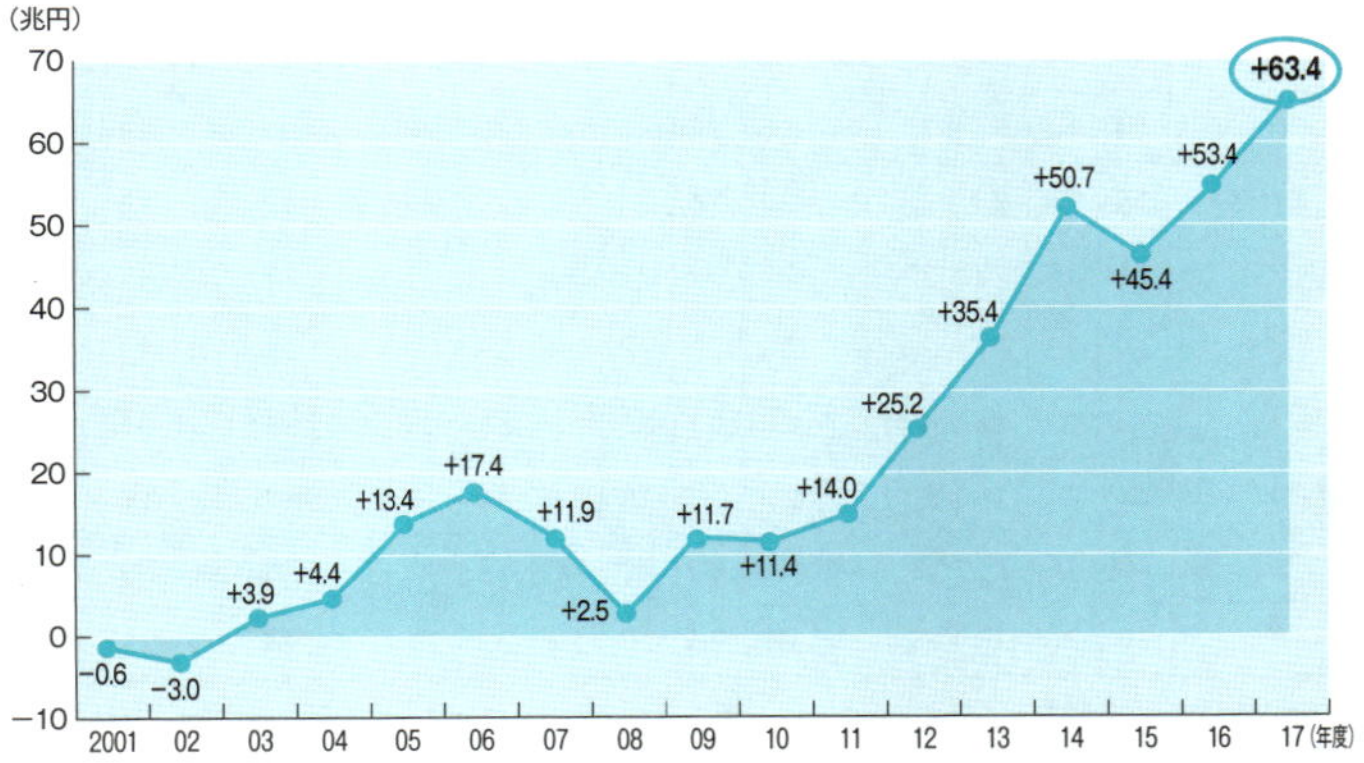

また、それにともない、年率0・03%の低コストで運用しています。

組入銘柄も毎年のレポートで公開されており、外国株式では米国企業の代表選手であるアップル、マイクロソフト、アマゾン、中国企業の代表選手であるテンセント、国内株式では時価総額国内1位のトヨタ自動車などで運用されています。

[図表3◆37] 公的年金のパッシブ運用(インデックス運用)及びアクティブ運用の割合の推移(市場運用分)

(単位:%)

		2001年度末	2002年度末	2003年度末	2004年度末	2005年度末	2006年度末	2007年度末	2008年度末	2009年度末	2010年度末	2011年度末	2012年度末	2013年度末	2014年度末	2015年度末	2016年度末	2017年度末
国内債券	インデックス	51	61	75	79	80	78	81	82	83	82	82	90	90	86	83	79	77
	アクティブ	49	39	25	21	20	22	19	18	17	18	18	10	10	14	18	21	23
国内株式	インデックス	44	71	77	77	76	76	76	76	75	75	76	79	88	87	82	91	90
	アクティブ	56	29	23	23	24	24	24	24	25	25	24	21	12	13	18	9	10
外国債券	インデックス	71	77	73	72	72	72	72	72	71	71	71	71	72	70	65	61	62
	アクティブ	29	23	27	28	28	28	28	28	29	29	29	29	28	30	35	39	38
外国株式	インデックス	53	79	82	80	80	80	83	85	86	86	86	87	89	88	84	86	86
	アクティブ	47	21	18	20	20	20	17	15	14	14	14	13	11	12	16	14	14
合計	インデックス	50	66	75	78	78	77	80	80	80	78	77	85	86	84	79	77	76
	アクティブ	50	34	25	22	22	23	20	20	20	22	23	16	14	16	21	23	24

※小数点第1位以下を四捨五入しているため、合計しても必ずしも100とはならない。
(出所) GPIF資料から家計の総合相談センター作成

企業型では投資マインドが変化し しっかり・堅実な運用が増えている

確定拠出年金を導入する企業、そして加入者数は年々増え、商品選択の分散化も進んでいます。

企業では確定拠出年金の導入研修や継続研修が行われることも多く、私たちも毎日のように企業型ＤＣの講師を務めています。

そんななか、最近加入者の反応が変化してきていることを感じています。

導入研修で**長期投資、積立投資、世界丸ごと分散投資**といったお話をさせていただくと、多くの人が安心

［図表3◆38］企業型DCの商品選択割合

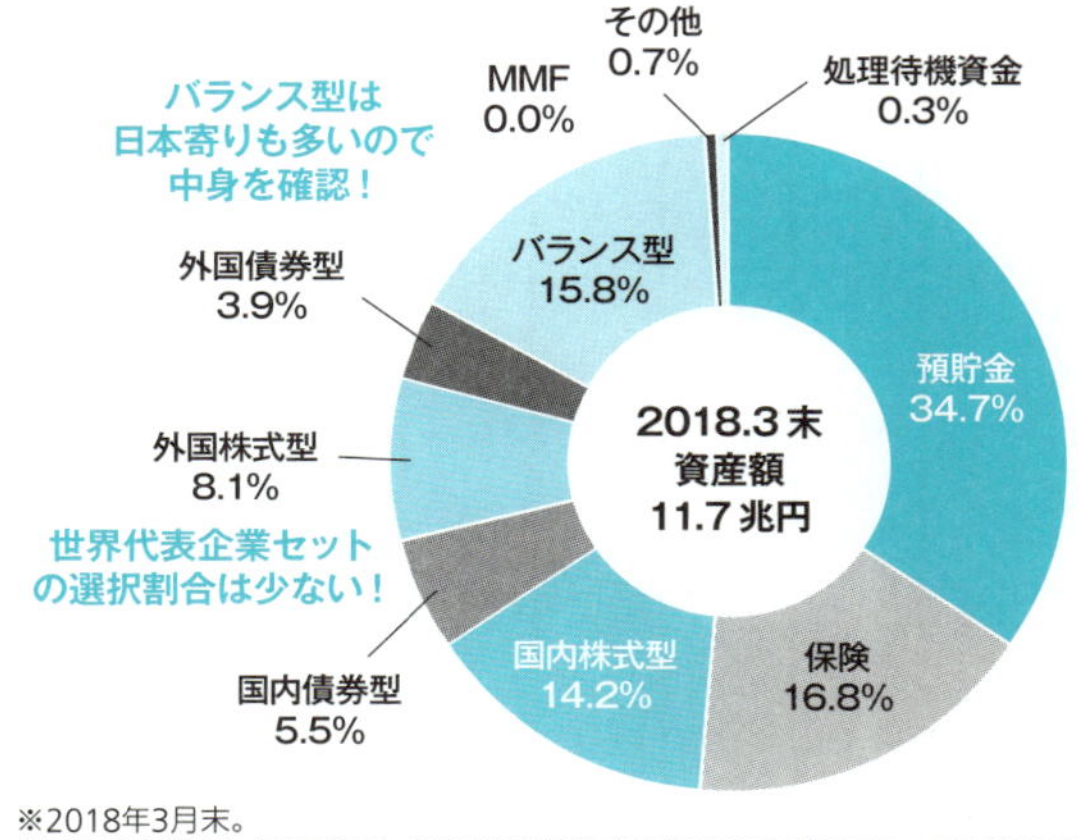

※2018年3月末。
（出所）確定拠出年金統計資料　運営管理機関連絡協議会2002年3月末～2018年3月末

[図表3◆39] 企業型DC加入者のパッシブ・アクティブ選択比率

	国内株式型		国内債券型		外国株式型		外国債券型		バランス型	
	パッシブ	アクティブ	パッシブ	アクティブ	パッシブ	アクティブ	パッシブ	アクティブ	パッシブ	アクティブ
資産額（億円）	8,460	8,159	5,517	901	7,088	2,368	3,802	752	14,094	4,478
割合	50.9%	49.1%	86.0%	14.0%	75.0%	25.0%	83.5%	16.5%	75.9%	24.1%
男性	50.9%	49.1%	86.2%	13.8%	75.3%	24.7%	84.0%	16.0%	76.4%	23.6%
女性	51.1%	48.9%	83.8%	16.2%	71.9%	28.1%	79.5%	20.5%	72.4%	27.6%
～19歳	55.2%	44.8%	82.0%	18.0%	75.4%	24.6%	83.0%	17.0%	73.5%	26.5%
20～29歳	54.1%	45.9%	85.0%	15.0%	74.3%	25.7%	82.0%	18.0%	74.2%	25.8%
30～39歳	51.8%	48.2%	86.0%	14.0%	74.7%	25.3%	82.8%	17.2%	74.9%	25.1%
40～49歳	50.8%	49.2%	86.1%	13.9%	75.0%	25.0%	83.6%	16.4%	75.0%	25.0%
50～59歳	50.7%	49.3%	86.2%	13.8%	75.0%	25.0%	83.7%	16.3%	76.9%	23.1%
60歳以上	50.5%	49.5%	83.0%	17.0%	75.3%	24.7%	83.3%	16.7%	77.2%	22.8%

※2018年3月末。

して運用をはじめています。

「図表3◆38」に、2018年3月末の企業型DC加入者の商品選択割合を掲載しました。**約半分が投資信託を選択**しています。まだ国内寄りではありますが、今後さらに知識を増やし、知恵を発揮して、コツコツ年金づくりができていくだろうという印象があります。

また、「図表3◆39」のように、インデックスとアクティブの選択割合を見ても、インデックスが多く選択されています。

日本の年金（GPIF）と同じように、堅実で着実な運用が行われている印象があります。

確定拠出年金の研修や相談を担当するFPとして、今後もより正しい情報を広めていきたいと考えています。

お金を増やす
超正解
22

×
定年で退職金が入り、金融機関から運用をすすめられた株式投資やＦＸで資産運用をはじめたい

○
投資は「長期でコツコツ」が基本
お金の基本的な知識を身につけ、できるだけ早いうちから運用する

お金を増やす
超正解
23

×
バブル期は６％以上もあった預金金利
超低金利時代となったいまも、そのまま定期預金を保有し続けている

○
バブル期以降、日本の預金金利はゼロに等しい状態
預貯金だけで運用するのは無理があるので、低リスクの投資を検討する

お金を増やす
超正解
24

×
預貯金だけでは不安だが、リスクの大きな投資は怖い
安全な運用をしたいが、どうすればいいのかわからない

○
大きなリスクを避けるために、
政府や企業にお金を貸す「債券」でお金を運用する

お金を増やす
超正解
25

×
株式投資をはじめようと
ベンチャー企業や有名企業をあてずっぽうに買ってみた

○
低リスクで収益力が期待できる企業を探すには
「時価総額」に注目する

お金を増やす
超正解
㉖

×

個別株を買うときに買いたい企業の株価だけに注目しているが、景気の動向がよくわからない

○

「日経平均株価」や「TOPIX」などの株価指数や決算発表の数字などをモノサシにして、個別株をチェックする

お金を増やす
超正解
㉗

×

日本国内のさまざまな業種の株を買って分散投資している

○

分散投資をするなら、海外（新興国・先進国）にも目を向ける
逆の値動きをする債券と株式も同時に保有する

お金を増やす
超正解
28

×
たくさんの優良な投資先に投資をしたいが
たくさんの株を買う資金もないし、手間をかける時間もない

○
最小の手間と少ない資金でインデックス（株価指数）の全銘柄に投資ができる
インデックスファンドを購入する

お金を増やす
超正解
29

×
インデックスファンドを買おうと思っているが
種類がたくさんあってどれを選んだらいいかわからない

○
1本で国内・先進国・新興国それぞれの株式と債券に分散し
全分野に分散できるインデックスファンドを購入する

お金を増やす
超正解
30

×
投資信託を買うなら、高いリターンを目指す
アクティブファンドのほうが儲かる可能性が高い

○
長期で見るとアクティブファンドはインデックスファンドに勝てないため、
インデックスファンドの長期積立を選択する

最終章

家族全員で「資産」を築く！

「ファミリープラン」と「円満相続プラン」の秘訣

家族を含めたマネープランで有利な制度を活用し倒す！

本書でこれまでご紹介してきたマネープランを、みなさんは自分自身をイメージしながらお読みいただいたのではないでしょうか。

最後に、ファミリープランニング（家族も含めたマネープラン）をイメージしておくことで、よりいっそう、みなさんの家計は強固なものになります。

第2章で紹介してきたように、NISAやつみたてNISA、ジュニアNISAは、0歳の赤ちゃんから100歳以上の高齢者まで活用できる制度です。

限度額は大人1人当たり、NISAは600万円、つみたてNISAは800万円（どちらか選択）、子どもは1人当たり400万円です。

たとえば夫婦＋子どもという家族構成であれば、夫婦2人で1200万円、1400万円、あるいは1600万円（いずれか選択）、子どもが400万円で、**NISAでの運用は最大2000万円まで可能**です。

また、確定拠出年金も、企業型のほか、2017年からは個人型（iDeCo）が、原則20歳以上60歳未満のほとんどの人が利用できるようになっています。

ほぼすべての人が、税制優遇を受けながら、自分で年金づくりができるという時代です。

また、保険料控除も、扶養家族も含めて、医療保険や生命保険、個人年金、地震保険など、税制優遇を受けながら備えをすることができます。

これらNISAや確定拠出年金、保険料控除などの税制優遇制度は、**自分だけでなく、家族にも広げて活用していくことで、その効果は2倍、3倍……とアップしてい**

[図表最終◆1] ファミリープランニング

NISA、つみたてNISA、ジュニアNISAは、全員活用可能！

iDeCo、DCは原則20歳以上60歳未満は、全員活用可能！

保険料控除は扶養家族も含め全員活用可能！

きます。

もう他人事ではすまされない！ 相続税がかかる人が増加

ファミリープランニングを考えるうえで重要なのが**「相続」**です。

相続税は2015年に、21年ぶりに大改正されました。私ごとですが、実父が2015年の8月に亡くなったため、相続税改正後に相続を経験しています。

相続税がかかるかかからないかを決めるのが、基礎控除です。

基礎控除の計算式は、2014年までは「5000万円＋1000万円×法定相続人の数」でしたが、2015年からは6掛けの**「3000万円＋600万円×法定相続人の数」**となっています［**図表最終◆2**］。

それまで、子ども2人の場合は7000万円まで無税で財産が継承できたのが、4200万円までと大幅に縮小されたのです。

この基礎控除は、歴史上何度も改正されています。

[図表最終◆2] 2015年からの相続税の改正

①相続税の基礎控除の引き下げ

	改正前	改正後（平成27年1月1日以後の相続・遺贈について適用）
定額控除	5,000万円	3,000万円
法定相続人比例控除	1,000万円×法定相続人の数	600万円×法定相続人の数

②相続税の最高税率が50％⇒55％に（増税！）

例）法定相続人が子２人の場合

基礎控除額
改正前）　7,000万円
改正後）　4,200万円

[図表最終◆3] 基礎控除改正の推移

	1987年12月31日以前	1988年1月1日以降	1992年1月1日以降	1994年1月1日以降	2015年1月1日以降
定額控除	2,000万円	4,000万円	4,800万円	5,000万円	3,000万円
法定相続人数比例控除	400万円×法定相続人の数	800万円×法定相続人の数	950万円×法定相続人の数	1,000万円×法定相続人の数	600万円×法定相続人の数

1975年までは、子ども2人の場合は2800万円、バブル期の地価高騰で相続税が払えず破産する人が多発すると1988年に5600万円、1992年に6700万円、1994年に7000万円と基礎控除を拡大し、相続税を緩和してきました［図表最終◆3］。

これまで相続税は「お金持ちの税金」といわれてきましたが、**相続税の対象になるケースが急増しています**。

国税庁の調査データによると、2014年に亡くなられた方のうち、課税対象は4・4%でしたが、2015年は8%と、ほぼ倍増しています。

相続税を納めた相続人の数も、13万3310人から23万3555人と、約10万人増加しているのです。

これには地域差もあります。東京都千代田区では2015年で約48%、渋谷区では約42%が課税対象者となるなど、半数近くが対象となる地域もあります。

ファイナンシャルプランナーとしての視点では、以前は不動産があっても現金が少なく、納税資金に困るというご相談が多かったのですが、最近は現預金や有価証券を保有している人が多く、納税資金をしっかり準備している人が増えていることも特徴です。

また、相続税の納税後に税務調査が行われたケースのうち、約84%が申告漏れを指摘されています。

[図表最終◆4] 相続税改正の影響

	2014年分		2015年分
相続税の課税対象となった死亡者の数（死亡者総数に対する割合）	5万6,239人（4.4%）	約4.6万人増 →	10万3,043人（8.0%）
相続税を納めた相続人の数	13万3,310人	約10万人増 →	23万3,555人
相続税額	1兆3,908億円	約4,200億円増 →	1兆8,116億円

相続財産の内訳

	2014年分		2015年分
土地	5兆1,469億円		5兆9,400億円
家屋	6,732億円		8,343億円
有価証券	1兆8,966億円		2兆3,368億円
現金・預貯金等	3兆3,054億円		4兆7,996億円
その他	1兆3,865億円		1兆7,256億円
合計	12兆4,086億円	合計約3.2兆円増 →	15兆6,362億円

→ 現預金や有価証券が増えている

[図表最終◆5] 相続税の調査実績

①実地調査件数	②申告漏れ等の非違件数	③非違割合（②／①）	④申告漏れ課税価格	1件あたり（❹／❶）	⑤追徴課税	1件あたり（❺／❶）
12,576件	10,521件	83.7%	3,523億円	2,801万円	676億円	623万円

（出所）国税庁「平成29事務年度における相続税の調査の状況について」

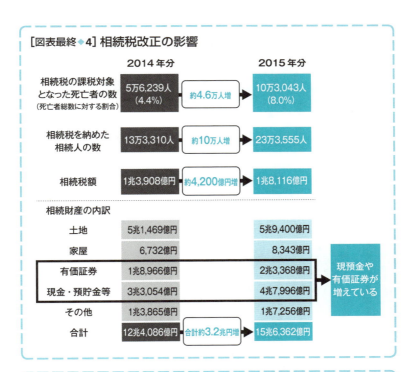

申告漏れで圧倒的に多いのが、**名義預金**です。

子どもや孫の名義でコツコツ預金（贈与）をしている家庭が多いのですが、通帳や印鑑の管理は本人（親や祖父母）がしているため、贈与を受けた本人が認識していない、管理していないという点が指摘されて、追徴課税となっています。

もしものときがやってきたら……相続税はかかる？　かからない？

相続は、いつ起こるかわからないものです。

まずは左ページの相続税の早見表で、財産と家族構成から納税額を確認しましょう。

たとえば、配偶者と子ども1人の場合の納税額は、1億円の相続財産で385万円、5000万円の相続財産で40万円です。

このように、配偶者がいる一次相続では、配偶者の特典（相続税の配偶者控除：1億6000万円までは税金がかからない）があるため、それほど大きな負担にはなりません。

対して、残された配偶者が亡くなる**二次相続で子ども1人が相続するといったケースで**

[図表最終◆6] 相続税早見表（概算）

相続人／遺産総額（課税価格）	配偶者がいる場合			配偶者がいない場合		
	配偶者＋子1人	配偶者＋子2人	配偶者＋子3人	子1人	子2人	子3人
5,000万円	40万円	10万円	0万円	160万円	80万円	20万円
6,000万円	90万円	60万円	30万円	310万円	180万円	120万円
7,000万円	160万円	113万円	80万円	480万円	320万円	220万円
8,000万円	235万円	175万円	137万円	680万円	470万円	330万円
9,000万円	310万円	240万円	200万円	920万円	620万円	480万円
10,000万円	385万円	315万円	262万円	1,220万円	770万円	630万円
15,000万円	920万円	748万円	665万円	2,860万円	1,840万円	1,440万円
20,000万円	1,670万円	1,350万円	1,218万円	4,860万円	3,340万円	2,460万円
30,000万円	3,460万円	2,860万円	2,540万円	9,180万円	6,920万円	5,460万円
40,000万円	5,460万円	4,610万円	4,155万円	14,000万円	10,920万円	8,980万円
50,000万円	7,605万円	6,555万円	5,962万円	19,000万円	15,210万円	12,980万円

※上記は2015 年1月1日以降に発生した相続に適用される。
※遺産総額（課税価格）は基礎控除前のもの。
※法定相続人が法定相続分で相続するものと仮定する。
※配偶者の税額軽減のみ適用、子どもは成人とする。
※納税は原則、現金一括納付。困難な場合は所定の申請によって税務署長の許可を得て「延納」や「物納」が認められる。

は、1億円の財産で1220万円、5000万円の財産で160万円となります。

最近は、預金や保険でしっかり納税資金を準備している家庭も増えている印象がありますが、相続はいつ起きるかわかりません。

まずは納税額の目安を知っておき「我が家はどのくらいになりそうかな……」と、イメージしておきましょう。

預貯金、不動産、生命保険……資産配分で相続税が大きく変わる!?

金融業界では、株式や国債、国内や海外に何割資金を振り分けるかという、アセット・アロケーション**（資産配分）**という考え方があります。

また、金融商品をNISAや確定拠出年金で運用すると税制優遇を受けられることから、どこに資金を置いておくかというアセット・ロケーション**（資産の置き場）**という考え方も普及してきました。

さらに進んで、**不動産、預貯金、有価証券、生命保険の配分をどうするかで、相続税が**

[図表最終◆7] 相続財産の種類

一般的な相続財産（例）
みなし相続財産（例）
土地・建物
現金・預金
貴金属
証券
有価証券
ゴルフ会員権
車
生命保険証券
生命保険証券
死亡保険金など

[図表最終◆8] 小規模宅地の評価減の特例

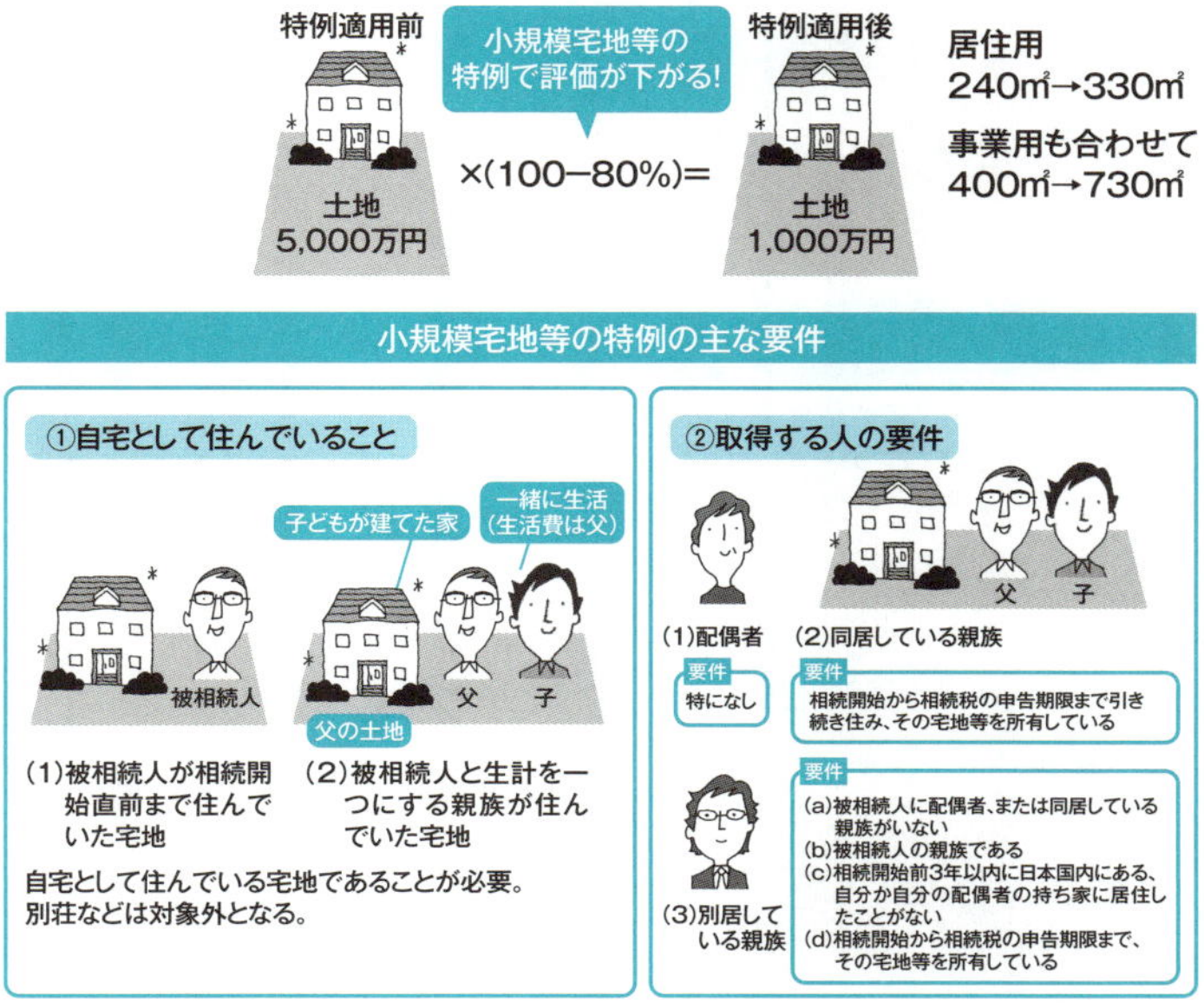
特例適用前
土地
5,000万円
小規模宅地等の特例で評価が下がる！
×(100−80%)=
特例適用後
土地
1,000万円
居住用
240㎡→330㎡
事業用も合わせて
400㎡→730㎡
小規模宅地等の特例の主な要件
①自宅として住んでいること
被相続人
子どもが建てた家
一緒に生活（生活費は父）
父
子
父の土地
(1)被相続人が相続開始直前まで住んでいた宅地
(2)被相続人と生計を一つにする親族が住んでいた宅地
自宅として住んでいる宅地であることが必要。
別荘などは対象外となる。
②取得する人の要件
父
子
(1)配偶者
要件
特になし
(2)同居している親族
要件
相続開始から相続税の申告期限まで引き続き住み、その宅地等を所有している
(3)別居している親族
要件
(a)被相続人に配偶者、または同居している親族がいない
(b)被相続人の親族である
(c)相続開始前3年以内に日本国内にある、自分か自分の配偶者の持ち家に居住したことがない
(d)相続開始から相続税の申告期限まで、その宅地等を所有している

大きく変わります。

まず、**居住している住宅**については、**建物は固定資産税評価額、土地は330㎡（100坪）まで80％減額の評価**となります。

路線価が1億円の土地の場合、住まいとして使っているのであれば、80％減額＝8000万円評価減、つまり2000万円で評価されます［**図表最終◆8**］。

専門用語で小規模宅地の評価減といいますが、賃貸住宅に住んで金融資産を何億円も保有するよりも、**快適な住まいを保有して金融資産を不動産に振り分けることで、相続税が減る**ことになります。

日本では、住宅関連分野はまだまだ発展途上のため、景気対策の一環で、住まいとしての不動産であれば、有利な取り扱いになっているのがその理由です。

また、**生命保険**は、先ほどの「3000万円＋600万円×法定相続人の数」の非課税枠である基礎控除とは別枠で、**「500万円×法定相続人の数」**が非課税となります［**図表最終◆9**］。

たとえば相続人が子ども2人の場合、預金から保険に変更するだけで、非課税枠が4200万円から5200万円に増えることになります。

生命保険を卒業した高齢者が、2015年以降、再度生命保険に加入するケースが急増しています。預金から保険へと一部の資産を移動するのは、相続税対策なのです。

預金や有価証券、不動産は、本人が亡くなるといったん資産凍結されますが、生命保険の場合、受取人（子どもなど）が保険会社に連絡すれば、早ければ即日、遅くても数日で受取人の口座に振り込まれます。

このように**流動性があるという点も、生命保険の長所**としてあげられます。

生命保険は通常、保険会社への健康状態の告知が必要ですが、高齢者のニーズにこたえて、相

[図表最終◆9] 生命保険の非課税枠

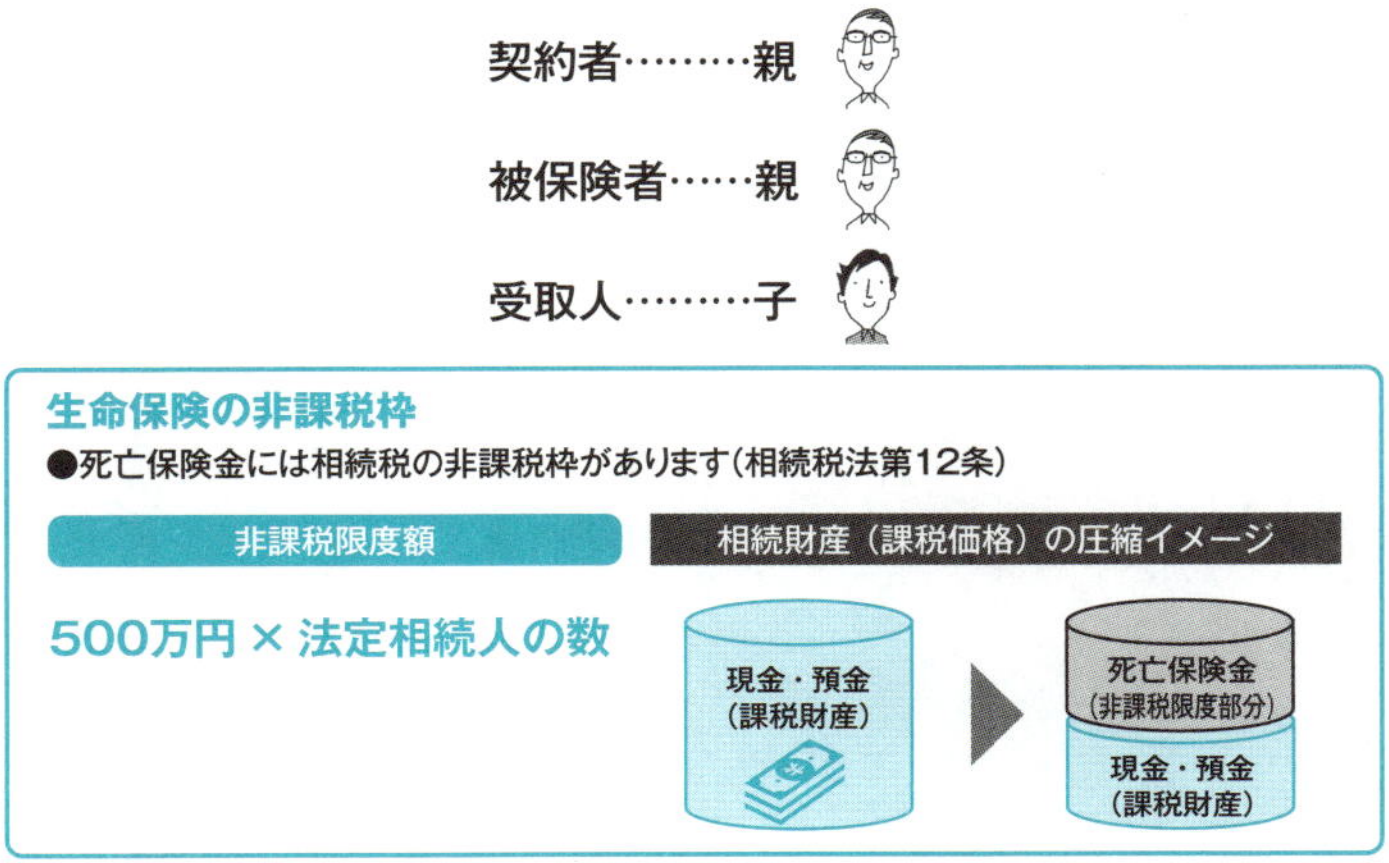

【法定相続人が子ども2人の場合】

基礎控除：3,000万円＋600万円×2人＝4,200万円

生命保険の非課税枠：500万円×2人＝1,000万円

合計5,200万円が非課税枠となる

続専用保険として告知のいらないものがあります。一生涯保障のある終身保険に預金を一時払いして加入できるため、好評です。

若いころから預金だけではなく、生命保険料控除を利用して終身保険に短期払いで加入しておけば、より保険料は安くなります。

相続税対策として、家族それぞれが加入しておいてもいいでしょう。

6〜9ページのクイズの答え

QUIZ1→増えている（約1・8倍になっています）

QUIZ2→①先進国株式インデックスファンド、②国内株式インデックスファンド、③4資産分散バランスファンド、④国内債券インデックスファンド、⑤先進国債券インデックスファンド

QUIZ3→①つみたてNISA（つみたてワニーサ）、②iDeCo（イデコちゃん）、③GPIF（〝クジラ〟と呼ばれる）

QUIZ4→公的年金を運用するGPIF

おわりに

お金の流れは、私たちの社会をつくる基盤です

日本には、「おかげさま」という、素晴らしい言葉があります。

預金をしてくれる人がいるおかげで、日本の9割を占める中小企業は、会社の設備投資や人件費のための借り入れが定期的にできています。

銀行や個人が国債を購入してくれているおかげで、政府は国家予算を不安なく組むことができ、国民が安定した生活を送れるような社会基盤を整備できています。

保険に加入してくれる人がたくさんいるおかげで、不幸にして家族が亡くなったり、自分が病気になったりしたときに、加入者は保険金を受け取ることができます。

株式や投資信託を購入してくれる人がいるおかげで、上場企業は返済期間を気にせず大きな仕事に打ち込むことができます。

このように、本書で取り上げたさまざまな金融商品の向こう側には、必ず資金の受け手となる相手がいて、互いに「おかげさまで」という関係が成り立っているのです。

世界的に金融の自由化が進み、複雑化する商品やマーケットに日々接していると、「私たちのおサイフは社会につながっている」という、当たり前だけど大切なことを忘れがちになります。

そして巷には「株式投資はギャンブルだ」「日本国債は危ない」「生命保険に入るのはもったいない。加入の必要はない」「公的年金なんてあてにならない」といったイメージや言説があふれています。金融商品の社会的意義を感じている現場のファイナンシャルプランナーとしては、そのギャップにとまどうことも少なくありません。

個々の取引だけを見れば、どちらか一方だけが利益を得るゼロサム・ゲームのようなものもありますが、金融商品全体で見れば、資金の出し手と受け手が互いに支え合うもののほうが圧倒的多数です。まさに、お金の流れが私たちの社会をつくっているのだと実感します。

日本では、NISAや確定拠出年金、保険料控除など、税制面からバックアップしてお金の流れを変えようという政策が本格化しはじめました。

その賛否についてはさまざまな意見があると思いますが、少子高齢社会に向けて国民全体が安心して暮らせる社会づくりのために、政府が知恵を絞って敷いたレールであることはまちがいありません。

その大きな方向性を理解して、自分自身のライフプランを構築していくことが、私たち一人ひとりに必要なことではないでしょうか。

そのためにも、シンプルでわかりやすい説明、お客様のニーズに合わせた具体的な金融商品の紹介ができるアドバイザーの役割はますます大きくなってくると実感しています。

景気はよいときも悪いときもあり循環するように、人の一生にもよいときと悪いときが必ずあります。楽しいときやうれしいときのマネープランも大切ですが、苦しいときや悲しいときのマネープランも大切なのです。

「相談してよかった!」とお客様に感じていただくことが、私たちのミッションです。おひとりおひとりの人生に寄り添って、安心して対面で相談ができる窓口として、社会に必要にされる〝世界一やさしい〟ファイナンシャルプランナーを目指し、これからもたくさんの人の力になっていきたいと思います。

最後になりましたが、本書の完成にあたっては、「家計の総合相談センター」のメンバー、ならびに、東洋経済新報社の中里有吾編集長と、フリー編集者の山崎潤子さんをはじめとする大勢の人にご協力をいただきました。

みなさんのおかげで、5年越しで、はじめての単著となるこの本を、ようやく書き上げることができました。心から感謝申し上げます。

この本が、読者のみなさんのお金の不安と疑問を解消し、豊かな人生を送るお供になれば、著者としてこれ以上の喜びはありません。

２０１９年３月

家計の総合相談センター　ファイナンシャルプランナー　井澤江美

【著者紹介】

井澤江美（いざわ　えみ）

年間1000回のセミナー、年間1万世帯の家計相談を担当する「家計の総合相談センター」代表取締役。FP歴30年の人気ベテランFP。

マネーリテラシー研究所代表取締役。

CFP認定者、1級FP技能士、MBA。

講師として登壇するセミナーや個別相談が大人気のFP歴30年の超人気ベテラン講師でもある。

中央大学大学院国際会計研究科修了。

早稲田大学大学院会計研究科在籍。

TKCで税財務ソフトコンサルに従事後、公認会計士事務所が母体の独立系FP会社にてFP相談業務、金融機関向けFP講座講師、労働組合・厚生年金基金主催マネープランセミナー講師などに従事。

1994年に「家計の総合相談センター」を設立し、相談業務、各種講師、執筆業務などの活動を開始する。東京・横浜・名古屋・大阪・神戸・福岡でCFP、税理士、社会保険労務士などお金の専門家のメンバーによる来店型相談センターを開設。トヨタグループ、ANAグループ、東急グループ各社のライフプランセミナー、上場企業向け確定拠出年金セミナー、金融機関主催のセミナーの講師も多数担当。

FP歴30年を通し、一貫して「パーソナルファイナンス」の普及に携わる。大学や大学院会計ファイナンス科客員教授として、学生から社会人までマネーリテラシーを広める活動を続けながら、税理士法人税金相談センター資産コンサルティング部執行役員として企業財務・個人財務のベストプランを提供する業務も展開中。

モットーは「和顔愛語」。趣味は陶芸。

一生役立つマネープランの情報サービス・相談を心がける。

本書が待望の初の単著となる。

行列のできる人気女性FPが教える
お金を貯める 守る 増やす 超正解30

2019年4月18日　第1刷発行
2020年4月17日　第5刷発行

著　者——井澤江美
発行者——駒橋憲一
発行所——東洋経済新報社
〒103-8345　東京都中央区日本橋本石町1-2-1
電話＝東洋経済コールセンター　03(6386)1040
https://toyokeizai.net/

装　丁…………金井久幸［Two Three］
イラスト…………すぎやまえみこ
ＤＴＰ…………アイランドコレクション
編集協力………山崎潤子／加藤義廣／高橋扶美／阿部崇
編集アシスト……若林千秋
校　正…………佐藤真由美
印　刷…………ベクトル印刷
製　本…………ナショナル製本
編集担当………中里有吾
　ISBN 978-4-492-73351-6